"十一五"国家重点图书出版规划

中国经济问题丛书

ZHONG GUC JING JI WEN TI CONG SHU

# 规划引导与农业发展研究

GUIHUA YINDAO YU NONGYE FAZHAN YANJIU

黄 勇 著

中国人民大学出版社

· 北京 ·

**图书在版编目（CIP）数据**

规划引导与农业发展研究/黄勇著. —北京：中国人民大学出版社，2016.10
（中国经济问题丛书）
ISBN 978-7-300-23552-3

Ⅰ.①规…　Ⅱ.①黄…　Ⅲ.①农业发展规划-研究-中国　Ⅳ.①F322

中国版本图书馆 CIP 数据核字（2016）第 263961 号

"十一五"国家重点图书出版规划
中国经济问题丛书
**规划引导与农业发展研究**
黄　勇　著
Guihua Yindao yu Nongye Fazhan Yanjiu

---

| | | | |
|---|---|---|---|
| **出版发行** | 中国人民大学出版社 | | |
| **社　　址** | 北京中关村大街 31 号 | **邮政编码** | 100080 |
| **电　　话** | 010－62511242（总编室） | | 010－62511770（质管部） |
| | 010－82501766（邮购部） | | 010－62514148（门市部） |
| | 010－62515195（发行公司） | | 010－62515275（盗版举报） |
| **网　　址** | http://www.crup.com.cn | | |
| | http://www.ttrnet.com(人大教研网) | | |
| **经　　销** | 新华书店 | | |
| **印　　刷** | 涿州市星河印刷有限公司 | | |
| **规　　格** | 148 mm×210 mm　32 开本 | **版　　次** | 2016 年 10 月第 1 版 |
| **印　　张** | 6.75　插页 4 | **印　　次** | 2016 年 10 月第 1 次印刷 |
| **字　　数** | 180 000 | **定　　价** | 48.00 元 |

---

# 《中国经济问题丛书》总　序

经济理论的发展与变化是和经济实践紧密联系的，在我国继续向社会主义市场经济体制过渡的今天，实践在呼唤经济学的发展和繁荣；同时，实践也为经济学的发展创造着条件。

中国的市场化改革是没有先例的，又没有现成的经济理论作指导，这是中国学者遇到的前所未有的挑战。他山之石，可以攻玉。随着一大批西方经济理论译介进来，以及一大批具有现代经济学素养的人成长起来，认识和解决中国问题开始有了全新的工具和视角。理论和实践是互动的，中国这块独一无二的“试验田”在借鉴和运用现代经济理论的同时，势必会为经济理论的发展注入新的活力，成为其发展的重要推动力量，而建立在探讨中国经济问题基础之上的经济学也才有望真正出现。中国经济问题正是在这个大背景下获得了特别的意义。

我们策划出版《中国经济问题丛书》的主要目

的是为了鼓励经济学者的创新和探索精神，继续推动中国经济学研究的进步和繁荣，在中国经济学学术著作的出版园林中，创建一个适宜新思想生长的园地，为中国的经济理论界和实际部门的探索者提供一个发表高水平研究成果的场所，使这套丛书成为国内外读者了解中国经济学和经济现实发展态势的必不可少的重要读物。

中国经济问题的独特性和紧迫性，将给中国学者以广阔的发展空间。丛书以中国经济问题为切入点，强调运用现代经济学方法来探究中国改革开放和经济发展中面临的热点、难点问题。丛书以学术为生命，以促进中国经济与中国经济学的双重发展为己任，选题论证采用“双向匿名评审制度”与专家约稿相结合，以期在经济学界培育出一批具有理性与探索精神的中国学术先锋。中国是研究经济学的最好土壤，在这块土地上只要勤于耕耘，善于耕耘，就一定能结出丰硕的果实。

# 序言：新常态　新规划　新飞跃

农业、农村和农民问题关系党和国家事业发展全局，中央始终坚持把解决好“三农”问题作为全党工作的重中之重。2004 年至今，中共中央、国务院连续 13 年发布以“三农”为主题的一号文件，2006 年全面取消农业税收并不断加大强农富农惠农政策力度，农业农村经济稳定发展，农业科技贡献率稳步提升，现代农业不断推进，一二三产业融合发展和新型城乡关系正在形成。目前，我国已初步建立起市场主导的农业经济体制，同时，国家支持农业农村发展的政策体系也已初步形成较为完整的框架。

处理好政府和市场的关系是保持农业继续稳定发展以及实现政府对农业有效管理和调控的基本前提，而规划作为政府对农业产业的管理和调控手段，在政府和市场博弈过程中起着连接政府和市场的桥梁作用。从经济学发展史来看，“看得见的手”

和“看不见的手”两种不同思想从相互对立、影响到逐步协调、共生，而经济规划作为政府干预经济、消除市场失灵及实现经济均衡增长的管理手段，在20世纪30年代大萧条之后被世界各国广泛接受。我国自1953年颁布第一个国民经济发展五年计划至今，已制定并实施了13个五年规划，在三十多年改革开放的历程中，以市场经济为导向的政策目标逐渐得到落实，政府和市场的关系也越来越明确。

当前，纷繁复杂的国际形势以及国内改革转型的不断深化，无疑使我国规划工作的难度更大，要求也更高。党的十八大以来，在以习近平同志为总书记的党中央的坚强领导下，面对错综复杂的国际环境和艰巨繁重的国内改革发展稳定任务，适应经济发展新常态，更加重视规划对农业发展的引导作用，提出了一系列支撑农业发展的重大政策、重大工程和重大项目，实施了一系列利当前、惠长远的重大举措。十八届五中全会上，习近平同志强调要实现“十三五”时期的发展目标，必须按照“五位一体”总体布局和“四个全面”战略布局的总要求，牢固树立并切实贯彻“创新、协调、绿色、开放、共享”五大发展理念。2015年12月24日至25日在于北京召开的中央农村工作会议上，习近平同志再次强调了五大发展理念，为下一步规划引导和农业发展指明了前进的方向，提供了行动的依据。

我国经济发展进入新常态，新常态反映在农业领域，表现为农村经济发展的速度变化、结构优化和动力转化归根结底是要加快转变农业发展方式。一方面，随着工业化、城镇化的快速推进和人民生活水平的不断提高，农业的生产成本也在持续攀升，农业生产成本上升推动了国内农产品价格的持续上涨，加之国际市场石油价格波动、人民币汇率坚挺、大宗农产品价格走低等多种因素共同作用，国内农产品价格开始高于国际市场价格，这将使我国的农产品逐步失去国际竞争力。另一方面，长期靠拼资源、拼投入的粗放增长方式导致农业资源过度开发，生态环境不堪重负。长期无节制地

毁林、毁草开荒，围湖、填河造地，使生态系统受到严重破坏；不断增加化肥、农药、农膜的使用以及乱烧乱扔农业废弃物，使农业农村环境受到严重污染，农业可持续发展目标受到严重挑战。同时，我国经济增长由高速转为中高速后，财政收入增幅回落较大，财政支出刚性增长压力开始凸显，尤其表现在县级财政这个层面上。农业是国民经济的基础，更是经济社会发展的“压舱石”，在经济发展进入新常态的新阶段，需要从社会经济协调、民族复兴全局、长远历史跨度和全球化视野推进农业供给侧结构性改革，在去库存、降成本、补短板的基础上，尽快扭转农业要素投入结构失衡、政府与市场关系失衡和产业链协同发展失衡，切实提高农业供给体系的质量和效率。

黄勇博士所著《规划引导与农业发展研究》一书恰逢其时，紧贴我国全面深化改革的重大问题进行了较为深入系统的研究，在发展理论与实践层面上做出了深入思考，对我国政府通过规划来处理政府与市场的关系、找准职能定位提供了决策参考。该书体现了如下三个特点。

一是选题很有意义。中国是有几千年璀璨农业文明的大国，在到21世纪中叶的三十多年间，中国将经历二元结构、农业科技、农业模式、农业产业化、农业全球化等方面的重大转折。联合国报告显示，2050年全球人口将达96亿人，对农产品的总需求也将大幅度增加，人们对农产品的需求结构也将随着收入水平的提高而发生重大转变。在新的时代背景下展望农业发展道路，很有必要对规划引导与农业发展的决策机制进行梳理并对其效果进行评估，对存在的主要问题进行充分剖析、经验借鉴及归纳总结。

二是结构科学严谨。全书谋篇布局合理、行文流畅，作者首先安排两章论述了研究的基本框架并对相关理论进行了总结，继而第三章梳理了我国规划工作的领导体制和决策机制，第四章论述了规划中的农业发展政策及其绩效评估，其后安排了第五章和第六章对规划引导对农业增长的贡献和区域规划农业政策的效率进行了实证

分析，第七章则围绕“十三五”发展的基本思路与趋势展开讨论，最后一章对研究结论进行了总结，并提出了政策建议。

三是见解颇具新意。如第三章对我国规划工作的政策决策体制、分工机制和部门落实分工责任等的总结，及对“十二五”规划制定、实施过程和现代农业发展规划的编制过程等所做的典型案例分析，使认识更为深刻，第四章至第六章的对规划引导具体实践的评价体现了作者的理性思考和在研究方法上的创新，第七章对“一带一路”“新常态”等的论述很有新意。同时资料翔实，运用的资料既有党和政府关于规划编制和“三农”问题最新的文献，又有统计资料，更有各类研究论文。

农业发展的理论与实践永无止境，黄勇同志的这种探索应当得到赞赏和鼓励，也希望更多的同仁关注社会主义市场经济体制中的规划引导和农业发展。

是为序。

陈锡文

**2016 年 7 月于北京**

# 目　录

# 第一章 绪论

## 第一节 选题缘起

一部经济学发展史可以被简单地看做一部“看得见的手”和“看不见的手”两种不同经济学思想萌芽、成型、纷争、协调并共生发展的简史。在相当长的时间内，关于计划与市场孰优孰劣的争论此起彼伏。许多经济学家例如亚当·斯密（Adam Smith）、卡尔·门格尔（Carl Menger）、哈耶克（Hayek）等都主张在市场机制的自动调节作用下，个体自发的追逐私利的活动也可能会导致所不曾预期的有益影响，并最终增进社会的整体福利。然而，面对1929—1933年那场世界性的、大规模的经济危机，依靠市场自动调节的自由放任政策却束

手无策。这时，人们逐渐意识到市场也不是万能的，也存在失灵的时候（Stigliz，2009），这包括个人的非理性（王官诚，2008）、外部性（沈满洪和何灵巧，2002）、分配不公平（张劲，2011）、公地悲剧（李晓峰，2004）、信息不对称性（黄建新，2007）等。而经济规划曾经作为政府干预经济、消除市场失灵、实现经济均衡增长的管理手段，在20世纪30年代的大萧条之后被世界各国广泛接受（Bornstein，1975）。然而，随着20世纪70年代滞胀危机的爆发，发达的市场经济国家逐渐取消了经济规划，是否继续实行计划经济体制也被烙上了国家意识形态的烙印。随着东欧剧变和苏联解体，社会主义国家纷纷转轨，彻底抛弃计划体制，转向市场经济似乎已经成为不二的选择；然而，中国的计划体制并没有出现所预言的大崩溃，而是出人意料地重新焕发出活力，持续活跃在政策发展舞台的中心，发挥着日益重要的作用。

从1953年中国出台第一个国民经济发展五年计划①至今，中国已制定并实施了13个五年计划。六十多年来，中国的五年计划已经历了大推动计划期、半统制计划期、混合计划期、指导规划期、战略规划期五个阶段（胡鞍钢等，2010）。特别是改革开放以来，在建设社会主义市场经济体制的过程中，五年计划通过自我调整、自我改革，已逐步从经济指令计划转型为发展战略规划，由经济计划转向全面发展规划，由微观领域转向宏观领域，由以经济指标为主转向以公共服务指标为主（胡鞍钢等，2010）。在中国现行的规划体系中，以指令性为主要特征的资源分配方式逐步被限制在提供公共产品的政策领域以及一些具有战略意义的经济“制高点”领域或直接关系到国民经济命脉的产业，而在涉及私人部门的消费品生产领域则主要发挥市场在资源配置中的主导作用，以指导性规划逐渐取代指令性规划。

① “十一五”以后，计划被改称为规划。在本书中，由于计划是规划的历史形态，规划是计划的发展，因此本书并没有严格区分计划与规划。

这些规划主要包括：(1) 政府结合经济运行环境做出的预测增长目标，如GDP增长目标或某一产业的增长目标；(2) 向市场经济主体发送的信号，如对国企的优惠政策、对房地产市场的调控政策、逐步减免农业税等；(3) 引进间接的市场激励机制，如调整国际国内市场的准入条件、改善银行信贷约束等。这些规划措施都不是直接干预的指令性措施，而是间接刺激市场行为和引导资源配置的措施。除了指令性规划和指导性规划外，还存在一些签约性规划，如在国家级高新区建设、大型能源的开发和生产、医疗系统改革、公路基础设施建设等政策领域，通常由上一级政府部门制定和部署总体目标，再以签约的形式将总体目标分解到下一级部门或市场主体并充分授权，以确保和激励下一级部门或市场主体与上一级部门合作，共同执行相关政策。值得一提的是，政府在提供土地使用、保护环境和公共服务等方面还设立了一些约束性指标。但与以往计划经济中的指令性指标不同，约束性指标约束的对象不是企业，而是各级政府，因此这些约束性指标也被视为“政府对社会的承诺”。从最终的实践效果来看，各部门均实现了预期承诺的减排目标，节能减排无疑是“十一五”规划中实施最成功的一项目标（韩博天和奥利佛·麦尔敦，2013；Levine et al.，2010；Yao and Kroeber，2010）。

国务院除了组织编制国民经济和社会发展五年规划之外，还可以组织编制区域规划和专项规划，这两类子规划实际上是各部门实现五年规划目标最主要的手段，但在研究中常常被忽略。区域规划是国家基于地区资源禀赋条件和经济社会发展的需要，对区域内不同省（市、区）国土综合整治与经济社会协同发展所做出的总体部署（段娟，2014），是国家进行空间管治的重要手段（段娟，2014）。不同于省（市、区）一级的地方规划，区域规划特指跨省（市、区）的规划，其覆盖的地域范围包括相邻的省（市、区），主要用来协调跨省（市、区）的发展目标（Chung，Lai and Joo，2009），如指导跨省（市、区）的城镇化建设和基础建设投资、东

部沿海发达地区内部的再分配以及向不发达地区转移经济发展所得等。因此，在区域规划的制定和执行过程中需要中央政府的审批和授权。其中，始于20世纪90年代末的西部大开发规划是中国政府编制并通过的第一个区域规划，其明确提出国家的人力、物力、财力应重点向西部大开发地区的基础设施建设以及发展瓶颈倾斜，其根本目的就在于缩小区域差距，承接地区产业转移，协调区域发展，并促进民族团结。此后，国家又陆续出台了一批区域规划，这包括《东北地区振兴规划》《长江三角洲地区区域规划》《珠江三角洲地区改革发展规划纲要（2008—2020年）》等。近年来新审批的国家战略性区域规划也多针对边疆重点支援地区或老少边穷地区，如陕甘宁革命老区、武陵山片区、滇桂黔石漠化片区等（段娟，2014）。

专项规划主要是针对特定政策领域所编制的规划，这些特定政策领域往往是总体规划中要加强或加快发展的领域（朱宝芝，2010）。其中，国家级专项规划需要统一经过国务院审批和核准，且原则上仅限于事关国民经济和社会发展大局的重大项目，这包括：（1）国家战略性资源的开发保护项目，如水资源、土地资源、海洋资源、煤炭、石油、天然气等；（2）大型基础设施建设项目，如农业基础设施、水利基础设施、能源基础设施、交通基础设施、通信基础设施等；（3）公共事业，如科技、教育、文化、卫生事业、社会保障、国防建设、防灾减灾、生态建设、环境保护等。

五年规划（又称总体规划）、区域规划和专项规划同时也是下一级政府部门制定当地规划的依据，其内容也会逐级细化完善，构成一个相互交织的庞大的“三级三类规划”（国家—省—市县和总体—专项—区域）网络（如图1—1所示）。这个庞大的规划体系网络共同履行国家最核心的职能，如政府对社会经济发展的大方向进行战略部署，确定优先发展顺序；集中并调动有限的资源进行经济结构调整，促进产业平衡发展；实施宏观调控，控制主要经

济总量的增长率和经济水平，遏制外部冲击，预防剧烈的经济波动等。

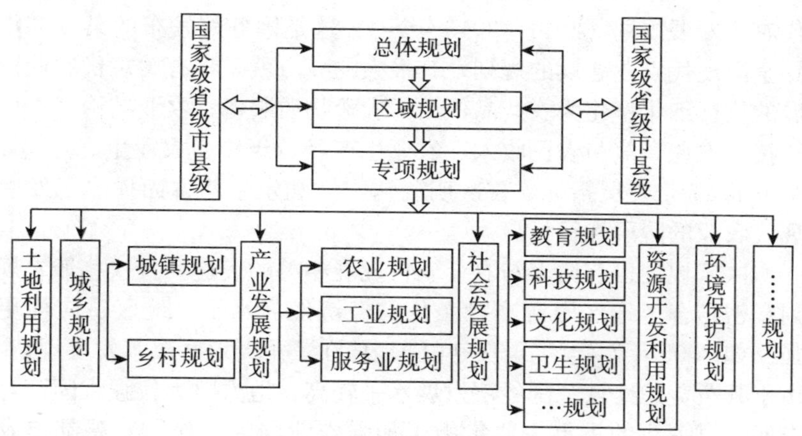


**图1—1 我国国民经济与社会发展规划体系**

资料来源：徐东：《关于中国现行规划体系的思考》，载《经济问题探索》，2008（10），181～185页。

三种规划（五年规划、区域规划、专项规划）中有关农业发展的内容十分丰富，且这些涉农规划对促进农业发展、农民增收以及新农村建设具有积极的引导作用。通常，国民经济和社会发展五年规划会对当期农业与农村的经济发展做出总体部署和要求，随后，农业部都会制定相应的“全国农业和农村经济发展五年规划”，设定未来五年的发展任务和发展目标。例如，《全国农业和农村经济发展第十二个五年规划》就从七个方面明确提出了推动发展的任务，包括提高粮食综合生产能力、优化农业和农村经济结构、发展农业农村公共服务、提升农业科学技术和物质装备水平、促进农民持续较快增收、创新农业农村发展体制机制、加强农村生态环境保护。在农业行业层面也会制定相应的行业规划，如农业科技发展规划、农业国际合作发展规划、农业与农村信息化发展规划、农业机械化发展规划、种植业发展规划、饲料工业发展规划、热作产业发

展规划、水产技术推广工作规划、渔业发展规划、农垦经济与社会发展规划、休闲农业发展规划等。其中特别值得一提的是《全国现代农业发展规划（2011—2015 年）》，这是国务院发布的第一部指导全国现代农业建设的规划，其最大的亮点就是将有关现代农业发展的目标细化量化为农产品供给、农业物质装备、农业结构、农业科技、农业产值与农民收入、农业生产经营组织、农业生态环境 7 个方面 27 个发展指标，首次明确从定性和定量两方面提出了发展现代农业的阶段性目标。

区域规划也有诸多与农业农村发展相关的表述，且这些涉农规划紧密结合了地区资源禀赋条件与经济发展水平，地区适应性更强。如 2008 年制定的长江三角洲和珠江三角洲地区改革发展规划，由于其覆盖的地域范围经济发展水平较高，地方财力较强，因而对农业农村关注的重点主要集中于加强农业国际合作，发展都市农业、特色农业和外向型农业，以及全面深化农村改革，促进城乡基本公共服务均等化。而长株潭城市群位于我国中部粮食主产区，因此长株潭城市群发展规划中的涉农内容也就偏向于支持粮食生产和乡村发展。

随着我国从计划经济向市场经济纵深发展，规划作为政府干预市场的重要手段，越来越得到从中央到地方各级政府的高度重视。毫不夸张地说，规划在中国政治的运作过程中是确定政策优先顺序的推动力，是政策调整的界限，是授予机构权力的依据，是决定各级政府之间权力分配的关键（韩博天和奥利佛·麦尔敦，2013）。那么，我们不禁要问，中国政府为何要把规划摆在如此重要的位置？为何如此热衷于推出各种规划项目？换言之，作为政府干预市场的重要手段的规划引导是否有效地实现了既定的政策目标？是否有效地避免了市场失灵？是否产生了新的政府失灵问题？是否促进了国民经济与社会的可持续发展？农业是国民经济发展的基础性产业，有一定的弱质性，其在国民经济构成中呈现出“小部门化”趋势，但是在国民经济中的作用是“多功能化”的；农村在区域发展

中处于弱势地位，但是其发展事关破除二元经济结构的制约。那么，规划引导对农业发展产生了什么样的影响？效率如何？有效促进了农业增长吗？对农业增长的贡献如何？这些正是本书所要关心和研究的问题。

## 第二节 研究意义

规划作为对未来整体性、长期性、基本性问题的思考，是设计未来行动的一整套方案，在我国从计划经济向市场经济转型的过程中，其作为政府干预市场的重要工具，已日益受到中央和地方各级政府的高度重视。但在规划的实践层面上，与规划的重要性不相称的是，我国对规划的政策效果评估与绩效评价体系尚不完善。以五年规划为例，截至2002年国家已经编制并实施了10个五年规划，但除“一五”计划外，国家一直未对其完成情况与实施效果进行系统的评估（鄢一龙和王亚华，2012）。直到2003年官方第一次对“十五”规划的中期进展进行正式的评估与调整，规划这种“重制定轻评估”的情形才有所改观。随后，中国政府越来越重视对规划的监测评估以及中期调整，不仅将监测评估作为一项正式的制度写入了《国民经济和社会发展第十一个五年规划纲要》（郝彦菲，2013；鄢一龙和王亚华，2012），而且建立了一套完整的信息收集、分析、起草、实施、评估和修订的制度化流程（韩博天和奥利佛·麦尔敦，2013；胡鞍钢，2013）。

但即便如此，现有的规划监测评估体系依然存在诸多的局限：一是规划的任务指标繁多、覆盖范围广，比如从GDP增长、实现经济的均衡增长到提高农民收入、实现社会公平，从节约资源、保护耕地到环境保护、建设生态文明等，且部分指标相互冲突、自相矛盾，给规划的执行和效果评估造成了困扰；二是通常对对规划的

评估设定了不同的权重，也就是划定了任务的优先顺序，基层政府官员往往只重点关注“计划生育、经济增长、维护社会稳定”等几个“一票否决式”硬指标，而在实现社会公平正义、资源环境保护等方面则没有多少建树；三是对评估下级部门规划效果所需的数据资料缺乏独立的获取途径，完全依赖下级部门提供，这种“既当球员又当裁判”式的评估模式实际上为下级部门弄虚作假、“报喜不报忧”提供了便利，难以达到监测评估的效果。

在理论研究领域中，国内外学者对中国规划实施效果的关注度也存在差异。长期以来，西方研究者对中国中长期规划的认识存在一定的误区与盲点，他们认为这些规划不过是政府部门所做的表面文章，既无力应对复杂多变的经济发展状况（即所谓的“计划赶不上变化”），也不会对经济增长产生什么实质性影响（韩博天和奥利佛·麦尔敦，2013）。在他们看来，“取消计划”是社会主义国家转型的不二选择，也是中国社会经济体制改革的基本途径。正因为如此，在解释中国经济增长的源泉时，西方研究者很少甚至根本不会提及规划的作用，而是将关注的焦点放在了市场化、国企改革、私有财产保护和监管等上（Liew，1997；Chai，1998；Naughton，2007；Chow，2007；Huang，2008；Brandt and Rawski，2008）。

放眼国内，尽管学者在中国规划的实施情况的历史回顾研究方面已经取得了不少成果（张同乐和陆军恒，1997；刘国光等，2006；王亚华和鄢一龙，2007；杨近平，2011；姚广利，2012），但总体来看，这些研究多侧重于对文献资料的回顾整理以及经验性总结（鄢一龙和王亚华，2012），而鲜有关于规划实施效果评价的文献。如杨杨和张继平（2013）运用对应分析和内容分析方法挖掘了五年计划的文本演变特征，发现我国五年计划正经历着从经济建设型向公共服务型的功能转变过程。姚广利（2012）则总结归纳了历次编制和执行五年计划的经验，认为无论是编制情况还是执行效果，改革开放后的计划都要好于改革开放前。胡鞍钢等（2011）基于国际比较视角得出，中国的经济发展在1978—2008年取得了举

世瞩目的成绩，其无论是 GDP 增长速度，还是人类发展指数（HDI）都名列前茅；他们将这一增长成绩称为中国发展奇迹，并提出五年规划发挥着促进经济增长、减小经济波动、调控发展模式、提供公共服务等重要作用，是理解中国发展奇迹的一把钥匙，也是成就中国发展奇迹的重要手段。鄢一龙和王亚华（2012）利用综合产出评估框架，选取计划期发展情况、目标偏离度、目标完成率构建了五年计划绩效指数，并定量评估了“一五”计划到“十一五”规划的绩效。

总的来说，关于规划实施效果评价的文献可以说是屈指可数，特别是有关涉农规划引导对农业发展之影响的研究可谓是凤毛麟角，究其原因，大概有以下几点：(1) 规划不同于常规经济管理行为中的“例外行为”，其自身具有很强的复杂性，评估的内容、方法与对象也具有模糊性，实际上无法评估其投入，特别是改革开放以来，五年计划逐步由经济计划转变为战略规划之后更是如此（鄢一龙和王亚华，2012）。(2) 规划对农业的影响是间接的，难以直接评估。一方面，农业生产的地域分散性和受自然影响的不确定性使其很难像工业生产那样可进行有效的监督与控制（韩博天和奥利佛·麦尔敦，2013）；另一方面，与农业相关的基础设施建设和农业财政支持政策对农业的影响本身也是间接的，具有很大的不确定性。

鉴于此，本研究将规划因素定量化：一是采用基于数据包络分析（Data Envelopment Analysis，DEA）的效率评价模型，对区域规划的农业政策效率进行实证评价，从而对规划的实施效果进行有效评估。二是将规划因素定量化以后，在计量经济学模型中引入规划变量，具体采用面板双重差分（Difference in difference，DID）模型考察规划因素是否对农业作出了显著贡献，如果存在正的贡献的话，那么这种贡献有多大。这一方面可以构建一个量化规划实施效果评估的分析框架，丰富规划的政策效果评价体系；另一方面也可为进一步优化规划政策提供现实依据，具有重要的政策意义。

# 第三节 研究内容

根据研究主题及研究思路，本书的研究内容规划如下。

第一章：绪论。本章主要阐述了选题的缘起、选题的意义，概述了本书的研究内容，介绍了主要的研究方法，并确定了研究的技术路线。

第二章：文献综述。本章全面梳理了规划、农业发展以及规划与农业农村发展关系的相关文献，为全书的分析框架提供了理论和文献支撑。

第三章：中国规划工作的功能和作用。本章整理了规划工作的领导体制、政策决策体制和分工机制，并对“十二五”规划制定的过程进行了分析，以及对现代农业发展规划编制过程进行了案例分析。

第四章：规划中的农业发展政策及其绩效评估。本章首先归纳了涉农规划出台的背景以及规划目标，然后对这些涉农规划出台前后的粮食综合生产能力、现代农业产业水平、农业基础设施建设、农产品流通体系、城乡差距以及资源环境保护的变动情况进行了比较分析，进而在此基础上挖掘了涉农规划对农业发展的影响机制以及规划执行过程中存在的问题。

第五章：规划引导对农业增长的贡献的实证分析。本章是对规划实施效果进行评估的第一部分。中部地区季风气候显著，水热条件好，农业资源比较丰富，是我国重要的商品粮生产基地。进入21世纪来，中部地区农业发展虽然面临各种困难，但中部六省始终把农业发展放在突出的战略地位；紧抓粮食生产，实现了粮食生产连连增。且中部农业发展对于中部地区农村社会稳定乃至整个国家的粮食安全具有重要意义。因此，本章以中部地区为例，通过

DID模型定量测算“中部崛起”相关规划政策对中部地区农业发展的影响，以期考察规划引导政策在我国农业增长中所扮演的角色。

第六章：基于DEA的区域规划农业政策效率实证研究。本章是对规划实施效果进行评估的第二部分。本章同样选择中部地区六个省份在1999—2012年的政策因素投入以及效果产出数据，从横向和纵向两个角度对不同地区不同时间的区域规划政策效率进行比较分析，以考察区域规划政策是否影响了农业生产效率。

第七章：农业发展中规划引导面临的机遇、挑战及优劣势分析——以“十三五”规划为例。本章选取“十三五”规划作为案例，运用SWOT分析法剖析了农业发展规划所面临的机遇、挑战、优劣势以及可能的应对措施。

第八章：研究结论和政策建议。本章对全书的研究结论进行了归纳总结，并从政府与市场的关系、中央与地方财权事权划分等方面提出了完善涉农规划的政策建议，为今后的研究提供了一定参考。

## 第四节　研究方法

本研究采用定性与定量相结合的分析方法，其中主要的定性分析方法有文献分析法、SWOT分析法、归纳演绎法，主要的定量分析方法有DID和DEA。

（1）文献分析法。对现有文献进行收集与综合分析是开始一项研究的重要手段。本研究的展开正是建立在对国内外文献进行的阅读、整理与归纳分析的基础上的，前人已有的研究成果为本研究奠定了前期基础，也为本研究重点的确定与展开指明了方向。

（2）SWOT分析法。SWOT分析在战略管理中得到了广泛的应用。本书第七章以“十三五”规划和《京津冀都市圈区域规划》

为例，对农业发展规划所面临的外部环境和内部环境进行综合分析，以期从中发现规划得以顺利实施的外部机会，找出规划本身可能存在的优势与劣势，为相关部门制定和修订规划提供可靠的依据。

（3）归纳演绎法。在最后总结本书的研究结论时，通过对前面不同章节的研究内容与研究结论进行综合、归纳和逻辑演绎，使本书的研究结论在相互印证的基础上得到进一步的凝练和提升，并进而提出本书的政策含义。

（4）DID。DID 模型由 Ashenfelter 和 Card（1985）首次提出，由于其能够有效解决普遍存在的内生性问题，因而近年来越来越多的文献使用这一研究方法来探究变量之间的因果关系。在实证研究中，考察规划因素是否对农业作出了显著贡献以及贡献的大小是非常困难的，然而采用 DID 模型比较实验组与控制组之间的差异可以有效解决这一难题。区域规划政策的实施具有明显的地域性，只对实施区域规划的经济体起作用（将制定并实施了区域规划政策的样本作为实验组，Treatment Group），而对那些没有制定区域规划政策的经济体没有影响（将没有制定区域规划政策的样本作为控制组，Control Group），而实验组与控制组之间的差异可以反映区域规划实施的效果。本书第五章采用该方法探究规划对农业的影响。

（5）DEA。DEA 由美国数学家和运筹学家 A. Charnes 和 W. W. Cooper 等于 1978 年提出，是评价同类型决策单元（Decision Making Unit，DMU）相对有效性的数量分析方法。DEA 将效率的测度对象称为决策单元，决策单元可以是任何拥有可测量的投入、产出（或输入、输出）的部门、单位，如厂商、学校等。本书第六章采用该方法对我国区域规划政策的农业政策效率进行测度与评价。

# 第五节 研究的技术路线

根据研究需要与内容安排，本研究的具体技术路线如图 1—2 所示。

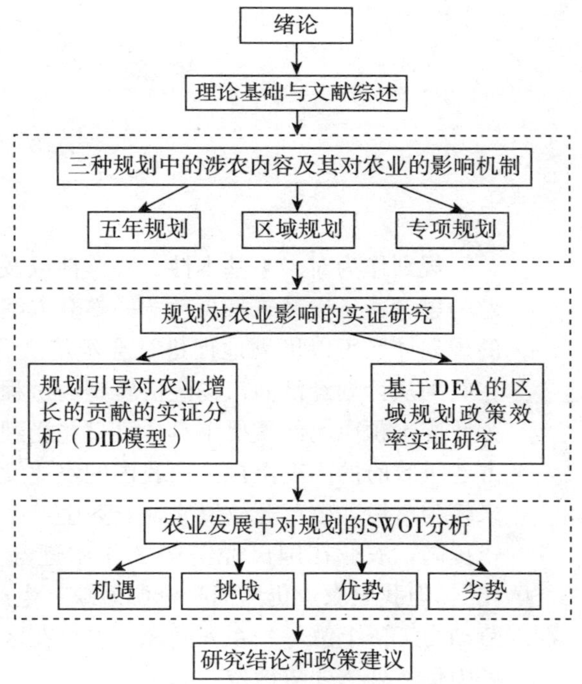


**图 1—2 研究的技术路线**

# 第二章 文献综述

规划作为对未来基本性、整体性以及长期性问题的思考，是设计未来行动的一整套方案。一个好的规划体系可以极大地促进社会经济文化的发展，在我国从计划经济向市场经济转型的过程中，其作为政府干预市场的重要工具，已日益受到中央和地方各级政府的高度重视。而我国的农业发展一直以来较为落后，改革开放以来，农业生产率得到了大幅提高，农业在国民经济中的作用逐渐“多功能化”，但我国农业仍然面临资源短缺、生产规模小、劳动力工资上涨等一系列问题，农村在区域协调发展中仍然处于弱势地位。

国务院（2011）发布的《国民经济和社会发展第十二个五年规划纲要》中写到，我国在“十二五”期间较为重要的一项任务就是在工业化、城镇化深入发展的过程中同步推进农业现代化。与此同时，为了全面贯彻落实“十二五”的精神，对我国

现代农业的建设和发展进行指导，紧接着，国务院（2012）发布了《全国现代农业发展规划（2011—2015 年）》。农业部总经济师杨绍品（2012）认为，该规划的出台标志着我国现代化农业建设沿着“以规划为引领”的科学发展道路迈进，具有里程碑意义。农业部总经济师陈萌山（2012）认为，目前我国农业的发展仍然处于依赖水土资源消耗、靠天吃饭的阶段，该规划的出台对于尽快实现农业现代化、工业化与城镇化的协调发展有着重要的引导作用。

综上所述，农业发展与规划之间有着微妙的关系，本书试图通过定性以及定量的研究方法，回答规划引导对我国农业发展的影响这一关键性问题。为此，本章对规划、规划体系以及农业发展等方面的国内外文献进行了系统的梳理。通过对国内外学者的研究进行归纳概括，吸取经验，总结不足，为本书奠定了理论基础，提供了文献支持。

## 第一节　关于规划的文献综述

### 一、国内外对规划与规划体系的研究

规划一词的来源已无法考证，但一直沿用至今。规划主要是指为完成某一项任务而做的较为全面、长远、系统的发展计划，实则为计划的一种，但规划更重视长远的战略性，以及较强的原则性，以期减少不必要的损失。因为规划针对不同的区域，主要服务于相关的企事业单位、部门等，所以在国外也被称为公共政策。约翰·M·利维（1988）在其书《现代城市规划》中提及 planning 一词，并认为其无处不在，人们对该术语已达成一定共识。约翰·M·利维指出，对规划的需求可以概括为两个词，即相互联系性和复杂性，并对这两个词进行了介绍以及区分，也对规划的相关理论进行

了划分，将其分为实质理论和程序理论，还就程序理论中的理性模型、折中混合模型以及分立渐进模型三个模型进行了详细的解释说明。

好的规划可以极大地促进社会的可持续发展和经济的繁荣昌盛，从而实现整个国家的最高利益，对解决全局问题以及可持续发展问题有着重要意义，并兼具未来导向性、空间性、层次性以及强制性等特征。对于我国而言，规划起着至关重要的作用，基于过去和现在，从国民经济和社会发展的角度在时间和空间上进行战略部署及安排，对经济社会活动进行适当的干预，是政府进行调控的重要手段之一，Newman 和 Thornley（2005）认为需要用法律对干预的程度进行一定的规定。

国外很早就开始了对规划的研究。Churchman（1967）在管理科学上首次将 Wicked problem 一词用于规划，他指出规划的主要目的就是解决“棘手的问题”，这在当时得到了大多数人的认可。还有一种思想认为规划是一种政治行为，在一定程度上可以弥补市场失灵，保证空间秩序，合理配置公共资源，促进社会进步。Freidman（1987）从规划的功能角度出发，认为规划在提高工商业部门的活力方面发挥着一定作用，且能够使社会不偏离公平。还有学者从人类的活动角度出发研究规划问题，认为规划是一种旨在优化人类活动的行为，如 Chadwick（1978）等。

我国学者对于规划也提出了自己的见解，于立（2005）认为规划在目前市场经济形式多元发展的阶段，已经成为一种可以在各种复杂多变的矛盾之间进行谈判的机制，从而尽可能地消除各种矛盾，并借助政府的基金等来实现规划的目标。

而规划体系则随着规划一词的出现而出现，并逐渐影响一个国家政府相关政策的制定与实施。而我们所说的规划体系是由各级各类相互结合、相互影响、相互补充的规划组合而形成的一个有机结合体。Thomas 等（1983）认为规划体系直接影响着一些项目所需的规划许可的相关内容和程序。在制定规划体系的过程中，还需要

根据时期的不同、目标的不同、地域的不同做出相应的变化，并对特定的目标进行专门的规划，从而形成一个复杂、纵横交错、统一的规划体系，而单一的规划在大多数情况下难以涵盖多方面的问题。

根据杨伟民（2003）、唐兰（2012）等的研究，本书将规划体系的特征总结如下。

（1）综合性。一个规划系统并不是简单地由多个规划加总而得到的一个整体，而是综合考虑各地区、各部门以及各利益团体的利益以及目标并进行协调而形成的。此外，单个规划侧重的目标往往与总体规划目标不一致，甚至出现矛盾，所以在实施规划的过程中，需要将多个目标紧密结合，相互协调，从而使规划体系实现整体最优。

（2）层次性。在不同的发展时期，不同的规划个体承担着不同的任务，地位并不是一样的，在大多数文献中，主要从行政等级以及规划内容两个方面对其层次进行划分。

（3）规划个体具有相互重叠性。不同的规划个体之间，内容往往会有重叠的部分，但同时又相互支撑、相互促进、相互补充，共同促进规划目标的实现。

（4）动态性。规划体系与经济社会发展相辅相成。一方面，规划体系是基于整个社会的经济以及文化发展状况制定的，用以引导社会的发展；另一方面，随着时间的推移，社会不断发生变化，此时应该对规划体系进行完善、改进、创新，使规划体系与社会发展不断适应、相互促进，共同推动国家实现更好的发展。

在规划体系的分类方面，已有文献主要从以下不同角度进行划分，如于立（2011）、崔功豪（2000）、杨荫凯（2014）等，现归纳如下：（1）从规划编制和实施的方式来划分，可以将规划体系区分为控制型和指导型两类，前者注重技术规划，后者重视政治行为。（2）从政体角度划分，可分为中央集权型、联邦制国家型、联盟或邦联国家型。（3）按国家和地方主导程度划分，可分为国家规划主

导型、国家和地方互动型、地方规划主导型三种。(4) 从规划的主体功能来看规划可分为四类，即总体性、功能性规划（如全国主体功能区规划），以某一特定地区为主的规划（如区域规划等），对某一类资源的规划（如土地利用总体规划、海洋功能区划等），以人口、城镇布局优化为主的规划（如城市规划和重大基础设施建设规划等）。

## 二、国内外规划体系的发展历程与演进

规划的目的是实现经济社会的发展，但是由于不同的国家在不同的时期所要实现的目标各不相同，所以随着经济社会的不断进步发展，规划体系也需要不断调整完善。Bruton 和 Yu（2005）指出，世界各国由于经济一体化而在经济、政治等领域出现动荡，各国之间的竞争越发激烈，不确定的国内外环境给各国规划体系的制定带来了更多的不确定性。各国纷纷开始修改、完善自己的规划体系，以适应变化的经济社会。而这时候的规划体系也开始由政府主导逐渐呈现出政府与市场合作、互相促进、互相制约、互相补充的格局。于立（2011）认为，总的来说，世界的规划体系主要有指导型以及控制型两种，其中指导型规划体系大多以政策和目标为主，灵活性更强，例如英国的规划体系，而控制型规划体系则相对更规范化、系统化，从上到下，由多层次的、详细的规划个体构成。此外，还有一些学者也对规划体系的发展历程进行了研究，如 Vigar（2000）、许莉俊（2000）、冯晓星和赵民（2001）、唐兰（2012）等，下面对指导型和控制型两种规划体系中最具代表性的英国和法国的规划体系的发展历程做简单的介绍。

首先，指导型规划体系中具有代表性的是英国的规划体系，其发展过程主要如下：(1) 19 世纪 70 年代至 20 世纪 40 年代末。英国规划体系的萌芽开始于 1875 年的《公共卫生法》，该法第一次对建筑标准以及布局在法规层面上进行了控制。(2) 20世纪 40 年代

末到20世纪60年代末（英国规划体系的完善期）。该时期出台了对英国甚至世界都产生了巨大影响的《城乡规划法》，该法首次对发展（开发）进行了相应的定义，并影响着今日英国的规划体系。（3）20世纪60年代末至20世纪70年代初（英国规划体系的变革期）。该时期的规划体系也逐渐由以物质形态为主向以社会经济以及空间为主转化，以更好地适应城乡发展。（4）20世纪70年代初到20世纪80年代初（英国规划体系的停滞期）。该时期处于撒切尔夫人时代，受新自由主义思潮的影响，规划因被认为是经济发展的绊脚石而停滞不前。（5）20世纪80年代初到20世纪90年代初（英国规划体系的调整期）。在该时期，新的《规划与赔偿法》做出了调整，更强调了规划的引导作用。（6）21世纪以来，英国的规划体系在经济全球化的压力下不断完善，首次将区域规划确定为法定规划，迈出了重要的一步。

其次，控制型规划体系中具有代表性的是法国的规划体系。卓健和刘玉民（2004）认为法国在短短几十年内从一个传统的农业国跃身成为如今的工业化大国，与其独特的规划体系建设密不可分，并以三部重要的法律为依据，将法国规划体系的发展过程划分为三个阶段：（1）1919—1967年，《Cornudet法》（1919）第一次提出了城市规划的概念，开始制定中央集权的城市规划体系，1967年颁布了《土地指导法》，逐渐强化了建设部[①]的控制权；（2）1967—1982年，“公众参与运动”与“环境保护运动”，以及《地方分权法》的出台使法国逐渐由中央集权转化为国家与地方建立伙伴合作关系；（3）1982年至今，法国政府加强了对市镇间的合作组织“市镇群共同体”的建设，并在2000年颁布了《社会团结与城市更新法》，旨在保证国家和政府在规划上的一致性，实现各规划部门的协调统一。

---

① 法国的建设部在1944年成立，一开始叫（战后）重建与城市规划部，后依次改为建设规划部，装备部以及装备、住房、交通、旅游与海洋部，最终更名为建设部。

对于我国规划体系的发展历程，诸多学者进行了研究，例如对于我国规划体系中较为重要的五年规划，王磊和沈建法（2013）认为其发展过程经历了三个阶段：（1）20世纪50年代至20世纪80年代初，即“一五”到“五五”期间，国家处于计划经济体制阶段，采取优先发展重工业、积累资本的策略，导致市场运行效率低，产业市场结构不平衡。（2）20世纪80年代初至21世纪初，即“六五”到“十五”期间，计划经济与市场经济同时存在，市场化迹象逐渐明朗，中央进行了一系列分权改革，逐渐放权给市场，使经济发展更富有活力。中央为了促进经济社会的协调发展，划定了诸如经济特区、经济开发区等一系列的特殊政策区，地方政府也逐渐成为区域发展的主力军，但也存在生态环境恶化以及城乡二元化等一系列问题。（3）21世纪初以来，即“十一五”到“十二五”期间，随着全球化的不断深入，区域发展越发不协调，差距不断扩大，中央开始将主体功能区规划等相关手段引入空间发展之中，不断加大管制力度，以实现全面协调可持续发展的规划总目标。

杨丙红（2013）对我国区域规划的进程进行了深入研究，将区域规划发展阶段（从20世纪50年代开始）划分为农村区划、国土规划、城镇体系规划以及城市地区规划几个阶段。除此之外，赵民和郝晋伟（2012）对我国城市总体规划制度的演进历程进行了研究，将其划分为四个阶段：（1）20世纪50年代初至20世纪70年代末是我国总体规划制度的探索和建立期。在学习苏联的基础上，我国不断尝试，出台了多部政策性文件，绘制了经济社会发展的宏伟蓝图，为之后的制度更新奠定了基础；（2）20世纪70年代末至20世纪90年代初是总体规划制度的完善期，《城市规划法》的出台标志着我国总体规划制度以及相关的审批手续也逐渐规范化、法制化；（3）20世纪90年代初至2005年是总体规划制度的成熟期，但随着土地制度以及财税制度的变革，主体逐渐多元化，总体规划制度逐渐不能适应多变的环境，各类矛盾慢慢显现出来；（4）2006

年至今是总体规划制度的固化期，在此期间出台了新版的《城市规划编制办法》，标志着总体规划制度已经逐渐格式化、成熟化，但制度与现实之间的矛盾日益凸显，引起了人们对制度不断反思，为制度的不断变革奠定了一定的理论基础。

## 三、对我国规划体系现状及问题的研究

在回顾了我国规划体系的发展历程后，本章接着对我国规划体系的现状进行文献回顾。孙虎和乔标（2012）认为目前我国的规划体系主要由三部分构成：（1）总体规划。总体规划主要指国民经济与社会发展规划，具有纲领性的作用，其中，最重要的是五年规划。（2）区域规划。可以根据部门将区域规划划分为三类：一是国家发改委制定的区域规划，例如《长江三角洲地区区域规划》；二是国土资源部编制的规划，主要是在原有的土地利用总体规划的基础之上详细编制的涵盖面更加广泛的国土规划；三是城乡建设部门编制的区域规划，主要体现在城镇体系规划上，此外，住房和城乡建设部还编制了城市群规划以适应我国都市区、城镇带、城市群大规模出现的需要。（3）各种专项规划。社会分工日益细化、愈加复杂的国民经济运行使得对各种专项规划的需求更加强烈，因此我国近年来编制了许多专项规划，如城市、土地、产业、交通、环境规划等。

我国目前针对不同地区及不同问题已经制定了不同层次、多种多样的空间性规划，涉及政治、经济、文化、社会发展等各个方面，形成了一个复杂的规划体系。虽然理论界对于国家规划体系的认识尚不统一，如胡序威（2002）、方创琳（2002）、李兵弟（2005）等，但部分学者认为已有关于规划体系的研究大体上是沿着一条清晰的线路——例行规划与随机规划——对我国现行规划体系进行划分的，如王利（2008）。五年规划、土地规划、城市规划等都属于例行规划，即在特定的时间段内针对全国整体范围制定的

规划，我国的经济社会发展均要依据这些规划进行。而随机规划一般是随着某一行业或某地区的经济环境、机遇与挑战的变化而修订的规划。这类规划具有较强的问题导向性和研究性，经过实践检验后可上升为“指导性文件”，具有很强的实用性和针对性，但在编制时没有明确的规范。

韩博天和奥利佛·麦尔敦等（2013）、王向东和刘卫东（2012）认为我国的规划体系并不是一个一成不变的单一系统，而是经过规划人员不断调研、协调、分析、起草文件、实施、试验，然后进行事后评估、修正的系统，整个规划体系运行到现在，虽然为我国的经济社会发展作出了不可磨灭的贡献，但与此同时，也暴露了它本身的弊端。对于我国规划体系的不足，许多学者进行了研究。我们发现已有的相关文献在对我国规划体系存在的缺陷以及相关的改进措施进行研究时，往往会结合具体某省（市、区）的城镇化规划，通过案例来分析问题。例如，郝庆（2007），黎婴迎、曹小曙（2007），郑裕盛（2000），王瑛（2000），孙娟、崔功豪（2004），卫大同（2005），代合治（1999）以我国广东、海南、深圳、山东、西安等地为例，详细分析并总结了我国规划实践存在的问题。

对上述文献中提到的规划实践存在的问题进行归纳，总结如下：(1) 规划急功近利，重量轻质。(2) 规划缺乏连续性。仇保兴（2002）认为“一任领导一套规划”的现象十分普遍，规划之间缺乏连续性，许多项目停滞不前。(3) 缺少法律保障。孙虎和乔标（2012）、占思思和盛鸣（2014）认为相较于城市规划体系的法律，我国土地规划体系急需加强相应法律体系的建设，目前除《土地管理法》外，土地规划缺乏专门的规划法律支持；就发展规划而言，虽然有《宪法》做保障，但县级以下的规划的法律体系仍不完善。国家对工信部的规划体系也缺乏相应的法律保障。(4) 规划评估仍不完善。徐东（2008）认为长期以来，我国规划普遍存在的一个问题就是仅仅关注规划的编制工作而对规划的后期实施缺乏重视，对规划的执行情况缺乏及时有效的评估，对规划的缺陷部分也缺乏

及时的修正。(5)规划缺少对其他重要民生问题的关注。目前与城镇化相关的规划缺乏对被城镇化人口在医疗、教育、就业、住房等方面的保障。(6)重点轻面，缺少区域统筹。目前我国的城镇化规划仍以城市规划为主，跨省、市、区的区域规划较不完善。(7)轻视产业发展，忽视地区的长远发展。黄晓芳和张晓达(2010)认为某些地区的政府将城镇化片面理解为土地的城镇化，将规划的重点集中于修建马路、管道等基础设施建设，而对长期的社会发展重视不足，大大降低了规划的效果。(8)张可云等(2004)、王向东和刘卫东(2012)认为我国规划体系繁冗，规划之间的协调性较差，地区与地区之间的规划缺乏统筹。(9)规划的民主化程度较低，社会公众参与度较低，欠缺“以人为本”的发展理念。(10)规划手段相对落后、不够科学。黄宏胜等(2003)认为长期以来，我国规划在指标的制定上往往采取参考过去规划指标的方法，缺乏科学合理的技术性规划手段。

## 四、关于农业发展的文献综述

我国是一个农业大国，却非农业强国。改革开放之后，虽然农业的发展依然比较落后，但我国农村的农业生产率有了很大的提高，农民的温饱问题基本能够得到解决。黄季焜(2013)认为我国目前主要面临着资源短缺、农业生产力下降、农业生产经营规模小、劳动力工资上涨以及气候多变等一系列问题。为了促进农业进一步飞速发展，许多国内外学者都对农业发展问题进行了长期研究，希望能够找到制约农业发展的关键因素。

## 五、国内外对农业发展的研究

石爱虎(2012)认为农业发展的内涵包括两个方面，即农业产出的增长和农业结构方面的变化，农业发展的过程就是农业现代化

的过程。不同的经济学家分别从不同的角度对农业发展问题进行了研究。

首先，从新古典经济学的角度研究农业发展的问题。刘易斯(1954)提出了以二元经济发展模型为主的农业发展理论。刘易斯认为不同的经济部门劳动生产率不同，工资率不同，从而实现了农业剩余劳动力由农业向非农业的流动，使劳动力得到了重新配置，农业效率和生产率得到了提高，推动了“短缺点”和“商业化点”的快速重合。刘易斯强调的是通过农业支持工业（农业输出廉价的产品以及剩余劳动力）促进工业的发展，实现农业现代化。紧接着，在刘易斯模型的基础上，拉尼斯（Rains，1961）和费景汉(Fei，1961）进行了补充完善，他们强调了农业自身发展的重要性，并将边际生产率大于零但低于农业平均生产率的隐性失业者也归入了剩余劳动力的范畴，更为严密地扩展了刘易斯的二元经济模型。舒尔茨（Schultz，1964)、乔根森（Jorgenson，1967）则提出了新的二元经济模型，肯定了农业自身发展的重要性。舒尔茨认为工业化发展的程度必须依托于农业发展的程度，并提出了关于使传统农业向现代化农业转化等一系列理论。乔根森从新古典经济理论出发进行了一系列的假设，强调农业剩余，认为农业发展是经济发展的充要条件。

其次，从生产要素投入的角度研究农业发展的问题。舒尔茨根据生产要素的不同对农业进行了分类，即以传统的农业工具为生产要素的传统农业和以新兴技术为核心的现代农业。虽然刘易斯、拉尼斯和费景汉的观点广为人们接受，但他们却忽略了人力资本这一要素，仅将视线停留在通过剩余劳动力的转移来实现现代农业。而舒尔茨针对人力资本进行了补充，并强调了在生产过程中，人力资本和技术资本这两种主要的现代农业要素的重要性。其中，技术由农业外部供给，而人力资本则通过培训以及教育等方式积累，例如学校教育、对农民进行短期培训等，学校教育则是最常见的一种人力资本投入方式。综上所述，舒尔茨认为发展中国家要加大对人力

资本的投入，使之与物质水平以及先进技术相适应。随后，速水佑次郎和弗农·拉坦（Ruttan，1985）也对人力资本投入的重要性进行了肯定。此外，对于舒尔茨提到的现代农业要素中的先进技术，速水佑次郎和弗农·拉坦在其诱致技术变迁模型中也进行了补充。他们认为农业资源禀赋是农业发展的基础，但是如果一个国家或地区的初始资源过于贫瘠，成为农业发展的桎梏，则可以通过技术的变革突破资源禀赋不足带来的约束。土地丰富、劳动力稀缺的国家应该进行技术变革，走资本密集型道路，而土地稀缺、劳动力丰富的国家则应该充分利用生物化学技术，走劳动密集型道路。

最后，从生产结构的角度研究农业发展的问题。钱纳里（Chenery，1975，1979）提出了结构转变理论，论述了产业结构转变对农业发展的重要性。因为工业部门的扩张体现了产业结构的转变，而产业结构的转变又是农业发展的必要条件，所以钱纳里认为，工业化才是农业发展的持久驱动力。

改革开放初期，邓小平就对农业现代化的问题给予了很高的重视，认为我国的农业改革和发展需要从“两个飞跃”着手，即实行家庭联产承包责任制和实现农业生产的规模化经营，从而实现中国特色的现代化农业。几十年过去了，对于如何走出一条具有中国特色的社会主义农业道路，以及如何实现农业的发展，国内许多知名学者都从不同的研究视角出发进行了深入研究。例如从城乡二元结构入手，结合刘易斯的理论，对农业劳动力转移对农业经济发展的作用进行了研究。张培刚（1945）对工业化对农业生产和农业劳动的影响进行了论述，从非农产业飞速发展对农村劳动力的“拉力”和农业部门自身技术提高、组织完善对农村劳动力产生的“推力”两个方面出发，论证了工业化进程中工农相互合作的重要性。曹阳（1997）对农业剩余劳动力转移过程中的制度性因素进行了分析，并揭示了 1949 年到 1979 年中国剩余劳动力转移人数过少的原因。在接下来的十几年中，大多数学者则对人力资本进行了研究，周建

华和万希（2004）从人力资本积累的角度论述了人力资本对我国农业发展以及对解决我国“三农”问题的重要作用。郭剑雄（2009，2012）认为在其他条件都既定的前提下，农业人力资本的转移会随着“商业化点”和“短缺点”重合距离的拉长而变难，需要出台相关农业发展政策来加快农业人力资本的积累。其在后续的研究中发现，人力资本在转移的过程中有选择性的倾向，具有较高人力资本存量的优质劳动力会优先得到转移。

在农业产业结构方面，李炳坤（2000）认为我国正处于农业发展的关键时期，需要大力调整和优化农业产业结构，且这是一个不断变化的动态过程，需要毅力。熊德平（2002）从调整产业结构是为了使消费和产业两大结构相适应出发，对我国农业产业结构目前所面临的相关问题进行了分析，并基于现状，给出了依靠营销带动农业产业结构调整以及加大人力资本投入等对策。在最近的研究中，更多的学者将目光聚焦于通过数学工具对农业产业结构的调整进行定量分析，客观地对目前的状况进行描述。例如马远、龚新蜀（2010）利用VAR模型对新疆的农业进行了计量分析，并得出了城镇化、农业现代化以及产业结构调整三者相互促进、具有长期均衡关系的结论。李泳（2006）从供需两个角度出发，定性及定量地分析了国外投资对农业产业结构的影响，得到了外商投资能优化农业产业结构、促进农产品贸易健康发展的结论。钱陈、史晋川（2007）运用Black和Henderson（1999）的分析框架，从工农两部门的互动机制出发，构建出了自己的城乡两部门增长模型，探讨了城市化对经济结构变动和农业发展的影响，最终对工业化、城市化与农业协调发展进行了肯定。

## 六、国内外对农业发展阶段的研究

为了对农业发展及其特征有更深入的认识，国内外不少学者对农业的发展阶段进行了研究，并得到了相关结论。

首先，必须一提的是蒂默（Timmer，1988），他的“四阶段论”对农业发展理论作出了极大贡献。他认为不管国家的性质如何，其农业发展都会经历四个阶段——对农业的投入阶段、农业资源流出的阶段、农业与宏观经济整合的阶段、对农业的反哺阶段。其中，最后一个阶段是指当一个国家的工农业都较为发达的时候，国家可以通过政策引导，利用工业的资源对农业进行反哺，从而实现工农业的协调可持续发展。

美国农业经济学家约翰·梅勒（1966）提出了“资源互补论”，他根据技术的采用程度对农业发展的过程进行了划分，并将其分为三个阶段——技术停滞阶段、劳动密集型阶段、资本密集型阶段。第一阶段主要依赖传统的生产要素进行农业生产；在第二阶段，由于人口的增长，因而更注重提高劳动生产率，走资本节约型的农业发展道路；在第三阶段，由于资本密集，因而资本不再成为限制性因素，资本逐渐代替劳动力成为主要的生产要素，资本密集型技术得到广大农民的欢迎，农业部门的劳动生产率逐渐得到提高。

刘易斯、拉尼斯、费景汉的二元经济理论认为农业发展过程分为三个阶段。第一阶段中，劳动力无限供给，工业部门大量吸收农业中的剩余劳动力；第二阶段中，隐性失业者向工业部门流动，提供给工业部门的农产品逐步出现短缺，粮食价格上涨，工人工资上涨；第三阶段中，农业生产率逐渐提高，农业剩余能够满足工业的需求，农业部门的剩余劳动力完成全部转移，农业部门的劳动力参与市场竞争，实现农业的完全商业化，此时，经济的“二元性”完全消失。

托达罗（Todaro，1988）在刘易斯的二元经济理论的基础上，对城乡预期收入的差距进行了研究，将农业发展过程划分为三个阶段，即传统农业阶段、家庭农业阶段和专业化现代农业阶段。他认为第一阶段主要以自给自足为主，种植结构单一，以粮食作物为主，接下来进入以种植经济作物为主的家庭阶段，最终实现专业化

农业。

工业反哺农业理论是有我国特色的政策理论，该理论从农业现代化进程中工农业之间的关系入手对农业发展过程进行划分，主要划分为以农补工阶段、工业反哺农业阶段和大规模反哺阶段三个阶段。第一阶段，农业向工业部门无偿贡献自己的资源，帮助工业尽快形成资本积累，实现成长。第二阶段，成熟后的工业开始反哺农业，在此过程中，国家会依据经济发展水平以及工业化程度来制定相应的发展战略以及规划等。最后一个阶段是第二阶段的延伸，在政策目标、手段以及范围上都有着不同于第二阶段的质的变化。马晓河、蓝海涛等（2005）认为我国目前离大规模工业反哺农业还有差距，需要不断地加大对农业部门的投入，建立财政对农业投入的长期稳定增长机制，而我国现在正处于向大规模反哺阶段过渡的时期，需要循序渐进，使补贴与目前农业的发展进程相适合，与此同时，要加强相关的制度建设，切不可急功近利，过度补贴。蔡昉（2006）认为对于工业反哺农业，最主要的是要将资金反转过来，对于耕地的保护要提供必要的资金支持与帮助，促进农业生产力提高。

除此之外，还有许多学者从影响中国农业发展变革的关键因素出发，例如土地政策、生产经营方式的变化等，对我国农业发展的进程进行了划分，一些学者主要以 1978 年的家庭联产承包责任制为转折点对我国农业发展的进程进行划分，何君和冯剑（2010）进行了更为详细的划分，具体如下。（1）第一阶段（1928—1950年）。通过《井冈山土地法》和《土地改革法》进行土地改革，实现了农民的土地所有制。（2）第二阶段（1950—1956 年）。国家将土地收归集体所有，实行国有土地所有制，进一步释放了农业的活力，并建立了互助组以及初级社、高级社，且其规模迅速扩大。（3）第三阶段（1956—1978 年）。大量合并高级社，废除人民公社制度。（4）第四阶段（1978—1996 年）。1978 年是我国农业发展阶段一个重要转折点，该年建立了家庭联产承包责任制，国家加大了

对农业的投入，农民积极性高涨，农业生产力得到了空前发展。(5) 第五阶段（1997 年至今）。工业化以及城镇化的快速发展使得工业开始了对农业资源的新一轮占有，但从 2003 年的中央一号文件开始，国家逐渐加大了对农业的支持力度，这标志着工业对农业的反哺开始了。

## 第二节　关于规划与农业、农村发展关系的研究

### 一、国内外对规划与农业、农村发展关系的研究

不同的规划在不同的时期所起的作用往往存在差异，对发展所产生的影响也不尽相同。樊杰（2007）对区域的协调发展与区域规划之间的关系进行了研究，认为区域规划对区域的协调发展起着重要作用，但规划的含义存在偏差、长远目标不清晰、实施方案多变以及规划体系不完善等原因造成了规划对协调发展的制约，而主体功能区规划的提出清晰地勾画了构建和谐社会的蓝图，极大地促进了区域的协调发展。葛丹东（2009）认为虽然国家在村庄规划建设的过程中不断增加投入，但效果不明显，农村发展问题没有得到很好的解决，其主要原因在于村庄规划体系建设不完备，缺乏完善的理论基础，一味套用城市规划的模式，而没有突出农村自身的发展特色。李孟波（2007）提出农村发展是全面建设小康社会的关键，也是难点，科学、系统地进行新农村规划至关重要。黄俊舟和赵悠等（2008）认为目前的新农村规划严重脱离了农村的实际经济状况，对城镇规划的模仿对我国农村经济实现规模化有很大的制约作用，影响了我国农业的发展。何林林（2009）从城乡统筹的角度出发，对新农村规划中遇到的相关问题进行了研究，认为新农村规划的前提是从空间关系以及发展关系链上进行统筹规划，解决好农村

经济的发展问题。王勤荣（2007）关注的是健康新农村建设，旨在通过健康新农村建设的整体规划提高资源的利用效率，改善并提高农民的健康水平，更好地促进农村发展。

从公共项目角度出发，帅建祥和郑晶（2013）认为政府在促进经济增长的道路上应该着眼于长远大局，加大对农村公共财政的支持力度，加快农村基础设施建设，实现综合平衡、城乡协调可持续发展，让公共服务的成果被均等地分给每个人享用。张宗益（2013）从定量的角度，利用1986—2010年的数据得出交通基础设施投资挤占效应导致了城乡收入差距扩大，阻碍了农村发展的步伐这一结论，并分地区进行了研究，认为对中西部地区的农村的交通基础设施进行公共投资的空间仍然很大。《2009年世界发展报告》的主题是“重塑世界经济地理”，报告中对交通基础设施对世界发展的重要影响给出了相关理论依据，并从地区、国家和国际三个层面进行了分析。此外，许多国外学者也对此进行了研究，Abhijit Banerjee、Esther Duflo和Nancy Qian（2012）以中国为样本，基于1986—2003年的相关数据对交通网络对区域经济发展的影响进行了计量分析，结果表明，对基础设施进行投资可以促进经济快速增长，主要表现在以下几个方面：（1）降低交易成本，促进市场的一体化；（2）促进生产要素流动；（3）有更好的机会进行人力资本投资；（4）其他隐形的福利等。Romp（2007）、Straub（2011）认为加大对交通基础设施的投资可以促进经济增长，但对于其是否影响城乡收入平等却没有深入研究。Calderon等（2004a，2004b，2010）使用跨国数据证明了交通基础设施在促进经济增长和缩小收入差距方面有着积极作用。但是后来有一些学者以中国、印度、孟加拉国等国家作为研究对象，却得出了相反的结论。以中国为例，Fan（2002，2004）得出结论，认为加大对中国西部农村基础设施的投入可以减小中国的地区差异。而Banerjee等（2012）认为，交通运输网络不仅没有缓解中国城乡收入的不平等，反而起到了恶化的作用（虽然这一作用极其微弱）。

## 二、国内外对规划思路的研究

农村的发展与规划密切联系，如何理解并开展新农村规划直接关系着农村的发展。在如何制定规划，以及规划应如何进行的问题上，诸多国内外学者进行了研究。何林林（2009）认为新农村规划是城乡统筹性的规划，需要在充分了解农村发展实际需求的基础上进行，并提出了“四个对位”理念的新农村规划。黄俊舟（2008）、葛丹东（2009）认为在建设农村的规划体系的过程中，应该摆脱对城镇化规划体系的效仿，从农村的实际现状出发，构建有农村特色的规划体系。在规划指标体系方面，吕天星和陈瑞彪（1987）进行了研究，认为为了促进农业发展，需要建立合理的规划指标体系，并对建立农村规划指标体系的三个前提进行了论述。还有诸多学者以具体的农村为例，对其进行了详细的规划。例如于英华和关丽华（2013）从公众参与的角度对广东省中山市新农村建设进行了规划研究，其中，他们着重强调了对岭南水乡特有的农村景观进行保护的重要性。王红英和张林琦（2012）阐述了湖北省武汉市都市农业的多种发展模式，并得出了基于新农村规划的都市农业是最适合武汉市农村发展特点的模式这一结论。

对于规划应如何有效地实施，张壬午（1993）采用定量的方法，以黑龙江省的SARD[①]规划为例，通过建立模型研究了不同的定量规划模型对SARD规划的可操作性以及定量作用。王粟和刘贺（2012）则从规划模式的角度进行了研究，认为传统的以物质空间规划为主体的规划方式具有从上到下的顶层设计意识，忽略了农民的主体性，导致从下至上的信息反馈不充分，并以河南省尧山镇下河村和马公店村为例进行研究，提出了上下结合的新农村规划思

① SARD即持续农业与农村发展。

路，特别强调了政府的协调、引导作用和村民的主体能动性。郭平和洪源（2004）认为“自上而下”（top-down）的供给机制在运行的时候，容易忽略农民的实际需求，所以应当让农民积极参与到供给机制中。张要杰（2005）则指出“自下而上”（bottom-up）的机制虽然能够表达农民自身的意愿，但缺乏科学性，需要建立科学的规划体系，采用规范的抽样方法，树立民主的工作作风，动态地反映农民自身的真实需求。除此之外，还应该紧密结合“自上而下”和“自下而上”两种机制，通过“自下而上”的方式对农民的需求进行表达，通过“自上而下”的方式进行主体选择。在如何对城市规划进行引导的问题上，胡蓉（2006）认为，对于一些有弹性的项目，一定要制定法律条文进行规范，从而避免出现与规划相违背的现象。

结合我国的实际情况来看，我国的区域规划主要采取“自上而下”的机制来推动农业与农村发展，但Banerjee等（2008）认为这必须要有相应的制度保障。彭超和龙文军（2013）认为我国在区域发展项目的规划、实施、监测和评估等各个阶段，都要保证农民和其他社会力量的积极参与，形成“自下而上”的公共行动，在短期内成为对国家行动的有效补充，在长期内保障新农村建设的持续性。我国区域规划的现状是，主要依靠政府“自上而下”地进行推动，尤其在涉农项目中缺乏“自下而上”的动力。因为农业项目见效期长且风险大，在一定程度上很难发动金融系统的力量对其进行支持，所以在没有社会力量广泛参与的情况下，区域发展中对农业和农村发展的支持就缺乏具有可持续性的动力。因此我们认为，就我国目前的国情而言，为了激活农业发展的持续动力，保证规划持续、有效地实施，在规划的制定以及执行过程中，紧密结合“自下而上”和“自上而下”两种机制势在必行。

# 第三节　国内外规划理论研究

## 一、国外主要规划思想

（1）有机疏散理论。19 世纪芬兰建筑师伊利尔妙里宁（Eliel Saarinen）在其著作《城市：它的发展、衰败与未来》中提出城市建设应当是有计划地沿着预定的方向、依据明确的目标逐步演变的缓慢的、长期的过程。他认为在规划中灵活性至关重要，在必要的时候根据条件的变化规划师应当对已有规划做相应修改，同时保持规划的动态性和连续性的统一协调。

（2）系统规划。系统规划要求从整体上把握控制系统，并不断对系统的运行情况进行监督和修正。系统规划的重点是对各种政策的后果进行预估，通过比较选择其中结果较好的一个。这一规划理念的代表人物有麦克洛夫林、查德威克、威尔逊。与传统的城市规划相比，系统规划对城市系统具有更深入、全面的认识，同时能够运用模型等技术手段不断监控系统的运行，及时修正系统偏差。

（3）结构规划。结构规划的重点在于通过制定总体原则、政策、发展战略等总体性、宏观层面的目标，提供一个较为全面、有层次感的总体框架。它具有较强的灵活性，对局部规划不设置具体、死板的要求，而是要求因地制宜地制定本地的发展规划，能够赋予规模小、期限短的项目更大的灵活性。结构规划需要相应政府的批准，而局部规划只需要下级政府自行制定和执行。结构规划注重对结果实现方法、途径的规划，其成果基本表现为文字，并不像传统的规划方法那样表现在详细的图纸之上。特别地，公众参与在结构规划的制定过程中具有重要地位。

（4）程序规划。程序规划没有明显的时间限制，特别注重规划的连续性和循环性，程序规划一般包括目标的建立、问题的提出，以及达到目标的措施的制定等几个部分。一般地，程序规划中对一个目标有多种多样的政策与措施，规划的制定比较灵活。20 世纪 90 年代以后，目标评价被加入程序规划，这提高了程序规划的科学性。而在实践中，程序规划特别强调对目标的定期审查，一般审查周期为 4～5 年。程序规划因其宏观性和战略性已经成为欧洲各国城市规划理论与方法的基础和标准。

（5）连续性规划。1973 年伯兰奇（Branch）提出了连续性城市规划理论。他发现当时已有的规划理论有许多问题，表现为规划固化、灵活性差，城市规划与其他规划不协调、相分离，城市规划的长、短期联系较差，城市规划对目前的事情不够重视等。因而，已有的城市规划太过理想化。他认为当时已有的城市规划缺乏定量计算，没有采用科学方法，只是单单集中于对物质性东西的规划。在伯兰奇看来，上述这些问题影响了城市规划的作用，而对终极状态的过度重视则是这些问题产生的重要原因。因此，他提出了连续性城市规划的理论。连续性城市规划将总体和具体、战略和技术、长期和短期等问题统一起来，特别重视以下两方面的内容：1）规划内容应该有轻重，而不是对所有的内容都统一规划，面面俱到；2）即使城市规划具有长远的发展目标，但仍应该着重于今后几年内的发展规划。

（6）《马丘比丘宪章》及社会文化论。1977 年《马丘比丘宪章》发布，其认为城市中的人群文化、社会模式和政治结构应当成为城市规划的核心内容。城市规划应当具有灵活性和动态性，包含对规划的不断模拟、实践、反馈、重新模拟的过程。此外，市民的参与与大众的意见是设计成功的城市规划的关键。

（7）偶然性规划。偶然性规划思想认为城市建设可能受环境的不确定性因素的影响而与原有设想背离，而使发展建设分期的方法能够在经济和人口发展水平较预期较低的情况下发挥作用。

偶然性规划能够暂缓建设的速度，且不影响已经开始或即将完成的建设，从而保证整体规划的完整性。它还要求在规划实施初期及时对规划的执行和发展情况进行监控，从而当规划的实际执行情况与预期出现背离的时候，对规划进行及时的调整和修改。

## 二、国内主要规划理论研究

国内对于规划理论的研究主要集中在规划的定义和基本内容、我国规划间的协调问题、现行城镇化规划体系、乡村规划问题以及政府的规划职能等方面。

在规划的定义方面，已有文献的观点比较一致。张可云等（2004）指出规划的主体包括政府、企业、社团，以及国际经济组织等。而从规划对象看，政府规划的对象主要是各种各样的社会经济活动，包括社会经济、科技、生态环境等多个方面的内容，而规划的目标就是使整个社会或国家资源配置最优化，最大化国家和居民的综合利益，不断促进经济、社会的发展与进步。因此，需要以各具体规划为基础，服从总体目标的指导，对不同内容的规划进行综合统筹、协调，提高规划的完整性和一致性（黄学贤、吴志红，2010）。

在规划基本内容的安排上，马凯认为我国区域规划的主要内容为“经济中心、城镇体系、产业集聚区、基础设施及限制开发区等落实到具体的地域空间”。毛汉英等（2005）指出新型城镇化时期区域规划应当包括八个方面的内容：对区域发展目标的设定和定位、对产业布局的划分和空间设计、对城镇体系建设的规划、布置基础设施建设空间结构、设定开发利用保护资源的目标、注重环保与生态文明建设、对空间加以管制、合理制定区域政策。沈玉芳（2003）认为，基于市场经济环境，发展的均衡性应该成为区域规划的首要内容，而对发展本身的控制应当列为其次，特别应该强调

城镇化“质”与“量”的平衡和协调，不要过分注重产业布局，而应当更加重视经济、社会、环境的协调发展。

“三规”是指国民经济与社会发展规划、城市总体规划、土地利用总体规划。其中，国民经济和社会发展规划主要由发改部门制定，城市总体规划隶属城乡建设管理部门，土地利用总体规划则由国土部门负责编制。已有许多文献发现目前我国“三规”之间“打架”的现象严重，理顺“三规”之间的关系，已成为我国空间规划协调发展和空间合理开发利用的关键（徐东，2008；秦淑荣，2011）。许多研究认为我国应将“三规”合一，通过建立统一的空间规划体系，明确各部门相应的事权范围，避免规划内容上的交叉和空间上的重叠（黄志刚、荣朝和，2007）。一些学者认为我国涉及规划的部门庞杂，部门间关系复杂，目前“三规”合一的可操作性较差，因此建议采取“三规”合作的形式，改革我国现行的规划体系。如武廷海（2007）认为我国应该统筹国家与省域层面的“三规”，积极推进“三规”之间的合作、协调，而在地方县域层面，则应当将“三规”合并为一个规划体系。由于中国的空间规划权力部门集中与分散相结合、各有侧重的格局难以打破，因而与“三规”合一相比，“三规”合作比较符合实际。此外，由于地方县一级的规划地域空间狭窄，规划涉及的问题相对集中，因而导致“三规”的关系变得密切。从客观上来讲，县级的“三规”合一有助于提高规划实施的效率，降低改革成本，增强规划的可行性。在“三规”整合的基本方法上，目前学者提出了“三规”协调、“三规”融合及“三规”合一等，整合方法莫衷一是（王建聪等，2006；林国鑫、陈旭梅，2006；张莉、陆玉麒，2001）。

由于我国城镇化规划手段相对落后，因此许多学者通过分析对比其他国家先进的城镇化规划体系总结经验，对我国的城镇化体系改进提出建议。如刘传明、曾菊新（2005）认为有以下几方面的因素促使国外的区域规划体系能够充分发挥其规划作用。首先，这些国家的区域规划体系的针对性和地区适用性非常强；其次，这些国

家的城镇化规划体系往往配合着相应的空间规划法律推进，如德国有《联邦空间发展法》，英国有《城乡规划法》等，而我国的规划体系却缺乏相应的完善、健全的法律体系的支持。徐东（2008）通过介绍美国、日本和德国的规划体系，剖析了我国现行规划体系的结构和存在的主要问题，提出了关于我国规划体制改革的建议。赵民、郝晋伟（2012）结合对英国的结构规划、美国和加拿大的官方规划、新加坡的概念规划、澳大利亚的政策规划的经验分析，认为变革我国总体规划体系首先应该理顺规划体系，明晰各层级规划的地位及相互关系；其次，应更新编制理念，突出总体规划的战略性和政策性；再次，应增强总体规划的可操作性和公众参与性；最后，优化审批机制，按照行政事权边界确定各级政府的审批内容。蔡玉梅、陈明、宋海荣（2014）分析了德国联邦空间规划—公共机构规划—部门规划—地方规划四级规划体系，法国国家可持续发展战略—大区国土开发与规划大区计划—省及跨省国土协调纲要和空间规划指令—市镇及跨市镇地方城市规划、市镇地图与城市规划国家规定四级规划体系，荷兰全国空间规划—省域结构规划—城市结构规划和土地利用规划三级规划体系以及英国的结构规划—地方规划二级规划体系。

此外，近年来乡村规划问题也逐渐成为城镇化规划研究的关注热点。葛丹东、华晨（2010）认为中国现行规划体系是以城镇规划为基础的，对乡村规划的研究起步较晚，基础较为薄弱。张尚武（2013）从乡村发展角度分析了乡村地区在城镇化进程中的作用，提出了保证乡村地区的活力是城镇化健康发展的重要战略和政策取向。他还围绕现行规划体系转型和乡村规划的地位，提出了需要制定包括城镇体系规划和乡村地区规划整体内容的区域规划，实现规划体系由城镇规划向区城规划、城镇规划和乡村规划的多级体系的转变，并进一步讨论了乡村规划的特殊性和地域性，以及规划研究、规划实践及规划教育等有待拓展的领域。

由于规划是我国政府在城镇化中的重要职能，因此已有部分文

献对城镇化中政府职能与规划的关系、规划的作用进行了研究。有文献认为，中央政府在城镇化进程中的作用主要在于制定宏观规划、制定整体宏观政策、推动制度创新与改革。作为规划者，中央政府应根据我国具体国情和国家发展战略制定具有前瞻性的城镇化发展规划，合理规划城镇布局，确定城镇建制，创造公开、公平、公正的城镇化发展环境，同时强化区域之间的城镇化协调发展，进一步推动城乡产业之间的融合（于志勇，2012）。作为政策制定者和制度改革者，中央政府的作用主要表现为利用管理层级调整等宏观手段，通过对户籍、社会保障、土地等制度的深化改革，扫清我国城镇化发展道路上的各种制度障碍，引导各种社会生产要素逐步向城镇化集聚，并运用宏观手段控制我国城镇化的发展速度和城镇化结构，充分释放城镇化的动力与活力（辜胜阻，2013；胡士杰、朱海琳，2013）。在城镇化进程中乡镇政府的定位问题方面的文献不少，如李菁怡、周建（2012），唐耀华、胡小坤（2005），冯奎（2013），陈亮（2013），唐耀华（2005），傅琼（2003）等，大都认为在城镇化进程中，乡镇规划也发挥着重要作用，县及乡镇政府应当因地制宜地制定本地区的发展规划，运用科学的手段，在充分发挥基层民主的基础上推动我国的城镇化进程。

## 三、对已有文献的评述

综上所述，近年来对城镇化进程中的政府规划问题的研究已经逐渐成为新型城镇化研究的热点。已有文献集中地研究了我国规划体系的现状、存在的问题。但已有研究也存在一些不足：（1）侧重于宏观层面的理论研究，缺乏翔实的深入分析。已有文献往往采用案例分析方式，概括性地梳理相关地区的城镇化进程，相关规划的编制、执行及审核情况，总结政府在制定规划时存在的问题并分析其原因，但在分析影响因素方面往往比较表面，所得到的结论大同小异，缺乏深入性。很多文献缺乏数据及实地调研资料的支撑，往

往与所论及的地区的实际情况不符。(2) 已有文献多从国家角度出发研究政府在城镇化过程中制定规划的问题，而从乡镇政府这一推动城镇化发展的最基层的主体出发，具体研究实践中政府如何通过制定规划平衡政府与市场的关系、找准政府定位的文献比较缺乏。(3) 已有研究缺乏系统性，很多文献主要研究某一地区城镇化中政府的规划问题，而缺乏对不同地区的比较。实际上，由于不同地区禀赋存在差异，因而某一特定地区的政府规划路径不一定对其他地区具有借鉴意义，削弱了已有文献的实践价值。因此，本研究将选取我国几个禀赋具有较大差异的地区，对比研究这些地区的城镇化进程中的政府规划的作用、效果、路径及问题，希望为我国政府职能转型、我国规划体系改革以及我国特色新型城镇化道路的推进提出具有实践操作价值的建议。

## 第四节　本章小结

规划，规者，有法度也；划者，戈也，分开之意。规划一词由来已久，人们对其概念有了较为统一的认识后，规划体系的概念也随之出现，诸多学者认为规划体系至关重要，且其在不断改进的过程中，逐渐与社会发展相互适应，实现社会经济的快速发展。国内外学者主要从规划体系的特征、分类，以及不同国家规划体系的发展历程与演进等方面对其进行研究。其中郝庆 (2007)，黎婴迎、曹小曙 (2007)，郑裕盛 (2000) 等学者结合具体的省 (市、区) 的情况对目前我国规划体系存在的问题定性地进行了研究，并提出了相关改进意见，这对于本书研究规划引导与农业发展之间的关系意义重大。与之相比，国内外关于农业发展的研究则开展得相对较早，其间涌现出了很多著名学者，提出了很多经典理论，例如刘易斯、拉尼斯和费景汉的以二元经济发展模型为主的农业发展理论，

舒尔茨的人力资本理论，速水和拉坦的诱致技术变迁模型，以及钱纳里的结构转变理论等，这些对于如何发展农业，以及如何促进农业产值的增长等问题都提供了很好的思路。学术界关于规划引导与农业发展之间关系的研究少之又少，但对于规划引导对农业发展的正效应都给予了肯定，例如樊杰（2007）、葛丹东（2009）、李孟波（2007）等，在论述规划对农业发展有积极作用的基础上，对于规划中存在的相关问题进行了阐述，并提出了相应的政策建议。除此之外，纵观国内外的文献，我们发现关于规划实施效果评价的文献屈指可数，采用定量的方法进行研究的更少。

基于上述文献综述，我们发现诸多学者对于规划以及农业发展已经开展了较为系统的研究，且对于规划引导与农业发展之间的关系也进行了定性的研究，这对于我们认识两者之间的关系有着重要意义，有助于我们接下来开展对规划引导与农业发展关系的研究。但我们发现上述文献仍存在以下不足。

（1）在研究方法方面，运用相关模型进行定量研究的文献不多，仅定性地进行了研究，缺乏定量的实证研究，说服力较为不足。

（2）在规划实施方面，更多地侧重于对规划制定机制以及规划实施机制的研究，而对于规划实施效果如何，以及规划对社会经济发展产生的推动力，却很少有学者进行研究。

（3）在研究农业发展方面，更多的学者善于运用经典理论，如二元经济发展模型等，从产业结构、分工以及人力资本的流动等角度进行分析，从规划引导角度进行研究的文献较少。

基于此，我们具体的研究思路是：首先，对我国规划工作的决策机制以及规划中的农业发展政策绩效评估进行相关阐述；其次，基于决策机制和绩效评估进行定量研究，在量化规划因素的基础上，采用DEA以及DID模型定量研究规划因素对农业发展的贡献程度，并构建实施效果评估的分析框架，对政策效率进行测度和评价；最后，进行归纳总结，为涉农规划提供相关政策建议，弥补已有文献的不足，为之后的研究提供相关理论参考。

# 第三章 中国规划工作的功能和作用

纷繁复杂的国际形势以及国内改革转型的不断深化无疑使我国规划工作的难度更大。对于适应新形势新任务，取得规划预想的实施效果，规划工作的领导体制和决策机制扮演着至关重要的作用。我国规划工作的领导机制和决策机制是怎样的？本章对我国规划工作的发展历程、领导机制以及决策机制进行了回顾，其中涉及规划工作的分工、落实和监督机制。接着，以“十二五”规划和现代农业发展规划作为典型案例，详细介绍了我国规划的制定流程、步骤。

## 第一节　政策决策体制和分工机制

改革开放以来，历经多次探索与实践，我国基

本确立了在党中央国务院的领导下，由分管领导主持，国家发改委（国家计划委员会）牵头，多部门共同参与的规划的领导体制和决策机制。

## 一、1978—1998 年

（1）这段时期先后有五位在党和政府担任领导职务的同志分管过计划的编制工作。1978—1980 年，国务院副总理余秋里分管计划工作并兼任国家计划委员会主任。1980—1983 年，国务院副总理姚依林分管计划工作并兼任国家计划委员会主任。1983—1987 年，国务委员宋平兼任国家计划委员会主任。1987—1989 年，中共中央政治局委员姚依林再度分管规划工作并兼任国家计划委员会主任。1989—1993 年，国务院副总理邹家华分管规划工作并兼任国家计划委员会主任。1993—1998 年，国务院副总理邹家华分管规划工作，陈锦华担任国家计划委员会主任。

（2）国务院设置国家计划委员会，承担规划方面的行政管理职能。

## 二、1998—2003 年

1998 年，国家计划委员会改组，成立了国家发展计划委员会，部门主要职能也改为国民经济管理。在此期间，时任副总理温家宝主管发展计划工作，曾培炎任主任。

## 三、2003—2013 年

（1）2003—2008 年，国务院副总理曾培炎分管国家发改委工作。2008—2013 年，中共中央政治局常委、国务院副总理李克强分管国家发改委工作。2013 年至今，中共中央政治局委员、国务

院副总理张高丽分管国家发改委工作。

（2）国务院设置国家发改委，承担规划方面的行政管理职能。2003 年 3 月—2008 年 3 月，由马凯担任主任。2008 年 3 月—2013 年 3 月，由张平担任主任，2013 年 3 月至今，由徐绍史担任主任（见表 3—1）。

**表 3—1　　国家发改委（国家计划委员会）历任分管领导及主任**

| | 任职时间 | 分管领导 | 历任主任 |
|---|---|---|---|
| 国家计划委员会 | 1978—1980 年 | 余秋里 | 余秋里 |
| | 1980—1983 年 | 姚依林 | 姚依林 |
| | 1983—1987 年 | 姚依林 | 宋平 |
| | 1987—1989 年 | 姚依林 | 姚依林 |
| | 1989—1991 年 | 姚依林 | 邹家华 |
| | 1989—1993 年 | 邹家华 | 邹家华 |
| | 1993—1998 年 | 邹家华 | 陈锦华 |
| 国家发展计划委员会 | 1998—2003 年 | 温家宝 | 曾培炎 |
| 国家发改委 | 2003—2008 年 | 曾培炎 | 马凯 |
| | 2008—2013 年 | 李克强 | 张平 |
| | 2013 至今年 | 张高丽 | 徐绍史 |

## 第二节　中央规划工作措施落实部门分工

### 一、分工机制

中央在规划或计划编制的过程中，会依据有关部门的具体职责与职能，将规划中的任务明确地分派给各个部门。其中，需要明确牵头单位和参与单位，牵头单位对任务负责，参与单位根据自身单

位职能积极配合牵头单位的工作。

### 二、落实机制

中央规划工作还根据任务的特征将任务分为制度建设任务、项目实施任务等，各任务的完成形式也有所不同。对于制度建设任务，由牵头单位和参与单位进行制度顶层设计，研究提出推进工作的意见和措施；对于项目实施任务，由牵头单位和参与单位制定工作方案，最终监督项目落地。

### 三、监督机制

国务院负责各单位完成任务的具体情况。首先，任务的牵头单位将具体工作情况报送国务院办公厅；其次，国务院办公厅负责协调任务完成过程中所涉及的单位；最后，国务院办公厅将各任务完成情况递交国务院。

## 第三节　“十二五”规划制定过程案例分析

### 一、前瞻研究

早在“十一五”规划的中期，也就是在2008年，中共中央就进行了统一的部署，国务院的相关职能部门就“十二五”规划前期的重大课题研究在全社会进行了公开招标，并委托了国际著名研究机构例如世界银行、亚洲开发银行进行相关政策的研究。此外，中共中央与国务院的有关部门还委托了一批国际知名专家学者为我国的“十二五”规划建言献策。在此基础上，规划决策部门把握了

“十二五”期间国家在各个领域面临的机遇和挑战。

## 二、确定主题

“十二五”规划（2010—2015 年）是我国为了适应国内外发展新形势，不断落实党中央国务院提出的新的发展要求的五年规划，是全面实践科学发展观、发展可持续经济的五年规划。同时，“十二五”规划时期是我国“调结构，转方式”的攻坚时期，也是促进我国经济、社会、文化、政治、生态文明五位一体全面发展的关键阶段。2009 年 2 月，在前期充分调研的基础上，中央决定十七届五中全会出台关于“十二五”规划的重大建议。从之后党中央几次政治局会议和国务院常务会议的相关报道中可以观察到，党和国家在经过深思熟虑后，逐渐为“十二五”规划纲要的编制指明了方向，强调以科学发展作为主题，把加快经济发展方式的转型作为主线。

## 三、调查研究

“十二五”规划于 2009 年 2 月正式启动，在这之后国家领导人多次深入基层调研，无论是田间地头、工厂矿山，还是居民社区，他们与干部群众面对面交流，倾听来自第一线的意见，并就农业农村、工商业、社会民生的优势和劣势进行了调查研究，对“十二五”期间经济社会发展的趋势和可能遇到的主要问题进行了判断。其中，2010 年 7 月 10 日，胡锦涛总书记在河南孟津县平乐镇张盘村考察工作时强调，国家将在“十二五”时期继续把解决好“三农”问题作为党和政府工作的重中之重。

## 四、建议起草

2010年年初，中共中央决定成立党的十七届五中全会文件起草组，文件起草组将在中央政治局常务委员会的直接领导下，负责十七届五中全会的文件起草工作。时任国务院总理温家宝同志与时任国务院常务副总理李克强同志分别担任文件起草组的组长和副组长。十七届五中全会文件起草组于2010年4月2日正式成立。紧接着，中央向全党征求意见，主题就是为“十二五”规划建言献策。在意见征求过程中，多个调研小组赴全国各地进行调查研究，掌握来自基层的第一手资料；与之同步，文件起草组召开了一系列座谈会，听取有关专家的建议。同时，全国政协就“十二五”规划举行专题协商研讨会，组织政协代表对规划建言献策。中央领导十分关注文件起草的最新动态，并对起草文件提出了相关的要求。温家宝同志与李克强同志多次组织研讨专题会，对相关问题进行专题研讨。文件起草组报送的每一稿，领导都认真审阅，并提出重要指示，足见中共中央对起草工作的高度重视。

## 五、全国征求意见

2010年7月，规划建议下发至各省（市、区）征求意见。2010年8月，规划建议在各单位、十七大代表以及党内同志中征求意见，最终收集了2 200多条修改建议。2010年9月初，总书记在中央政治局常委会上听取了社会各界专家与学者对规划建议的修改意见。根据这些意见，文件起草组对规划进行了反复修改，相关修改多达360余处。

## 六、审议出台建议

2010 年 6 月，中共中央初次审议了“十二五”规划的建议。2010 年 7 月，中共中央再次对规划建议进行了审议。2010 年 9 月初，总书记在中央政治局常委会上对地方和专家反馈的相关意见进行了细致的研究。半个月后，文件起草组根据政治局会议所讨论出的意见对规划建议进行了修改，随后递交十七届五中全会审议，并由温家宝总理向全会做了说明。2010 年 10 月 17 日，总书记听取了中央政治局常委会会议中各组对规划建议的讨论情况，并给予了重要指示。最终，十七届五中全会于 2010 年 10 月 18 日通过了规划建议。

## 七、征求意见并起草规划纲要

从 2010 年 11 月份开始，国家发改委在全国范围内征求意见，社会各阶层积极响应。据统计，各方面对“十二五”规划的建议超过六万条。同时，国家发改委组织专家学者对“十二五”规划的编制进行了咨询论证，找出了其中的问题与不足。为提高规划的科学性及合理性，国家发改委组织力量分赴各地进行实地调查论证，同时根据规划建议起草规划纲要。

## 八、全国人大审议

按照“十二五”规划的编制流程（见图 3—1），规划纲要草案最终应送交全国人大。2011 年 1 月 24 日，“十二五”规划纲要草案首先提交到全国人大财经委，由其负责专门的审查工作，这是审查的第一步。审查通过后，再交送全国人大。2011 年 3 月 6 日和 7

日，参会的各代表团对规划纲要草案进行了认真的审阅和研讨，并提出了修改意见。随后，有关部门根据代表反馈的意见，对规划纲要草案进行了修改。最终，2011 年 3 月 14 日，十一届全国人大四次会议召开，全体人大代表对规划纲要进行投票表决，最终以高票通过，“十二五”规划正式予以批准。

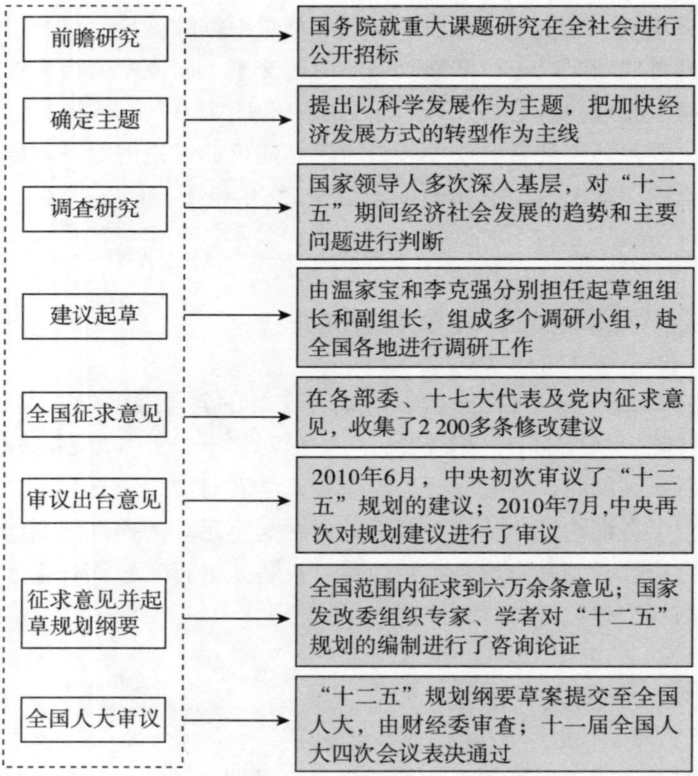

| 步骤 | 内容 |
|---|---|
| 前瞻研究 | 国务院就重大课题研究在全社会进行公开招标 |
| 确定主题 | 提出以科学发展作为主题，把加快经济发展方式的转型作为主线 |
| 调查研究 | 国家领导人多次深入基层，对“十二五”期间经济社会发展的趋势和主要问题进行判断 |
| 建议起草 | 由温家宝和李克强分别担任起草组组长和副组长，组成多个调研小组，赴全国各地进行调研工作 |
| 全国征求意见 | 在各部委、十七大代表及党内征求意见，收集了2 200多条修改建议 |
| 审议出台意见 | 2010年6月，中央初次审议了“十二五”规划的建议；2010年7月,中央再次对规划建议进行了审议 |
| 征求意见并起草规划纲要 | 全国范围内征求到六万余条意见；国家发改委组织专家、学者对“十二五”规划的编制进行了咨询论证 |
| 全国人大审议 | “十二五”规划纲要草案提交至全国人大，由财经委审查；十一届全国人大四次会议表决通过 |

**图 3—1　“十二五”规划编制流程**

## 第四节　现代农业发展规划编制过程案例分析

### 一、确定主题

国务院对农业工作和农业发展规划的编制非常重视，很早就协调各部门一道启动了规划的编制工作。“十二五”规划对我国农业发展的促进和带动作用是不言而喻的，农业发展的顺利与否直接关系到能否解决好14亿国民的吃饭问题以及能否满足14亿国民的其他生活需求。改革开放至今，我国城市居民的生活水平显著提高，工业技术实力实现重大突破。然而农业的现代化发展却明显滞后，农业发展仍面临着资源、环境等方面难以突破的瓶颈。21世纪以来，农业生产依旧面临诸多困难，例如农村基础设施不完善，农民收入普遍较低，耕种细碎化严重，社会化服务体系不健全，劳动力不断流出农业领域等。因此，党中央、国务院明确指出为提高农业生产效率、保障农民收入、切实提高我国农业的国际竞争力，以及深入落实“十二五”规划指导原则，应将加快发展现代农业、促进“三化同步”确定为农业发展规划的主题。

### 二、深入调研

在现代农业规划编制的过程中，党中央、国务院给予了高度重视，统一协调、指导农业部、国家发改委等八个与农业发展密切相关的部门的编制工作。按照国务院、国家发改委的指导精神和下发的具体安排，在韩长赋部长的亲自主持下，成立了五个调研小组深入基层，针对多年来困扰我国农业发展的生产、流通、技术推广等各个环节的根本性问题进行了深入考察和研究，提出了大量有参考

价值的思路和建议；同时，农业部也积极发挥高校、科研单位等社会各界的力量，针对农业发展中存在的不足之处有针对性地部署了25个委托课题，效果非常显著，并产生了很多理论价值高、应用性强的成果，为规划的起草和编制打下了坚实的基础；在后续的工作总结大会上，韩长赋部长也多次强调了规划工作的重要性，并对相关的重大问题做了指示和安排。

## 三、文件起草

在党中央、国务院领导的高度重视和统一部署下，农业部专门成立了起草小组作为规划编制的主干力量，各部委步调一致、积极配合，对农业发展过程中取得的成就给予了肯定和认可，并对当下所存在的问题进行了深入的研究和系统的梳理，通过反复论证明确了我国农业现代化的大方向和目标，并就其中几个核心、关键的领域做了重点研究和详细部署。起草工作于2010年5月份正式启动后，在前期调研已取得丰富成果的基础上仍处处本着尊重事实、精益求精的原则召开了多次专家座谈会，不放过每一个环节，不漏掉每一个细节，就国家现代农业示范区等重点问题向社会各界的专家征求意见。在“顶层设计、上下联动”的指导理念下，起草小组在规划初步成形后进行了多次的修改和论证，力求做到万无一失。在“十二五”发展的关键时期，为抓住历史机遇，实现传统农业向现代化发展的宏伟目标，起草小组终于在2011年8月底完成了代拟稿，并将稿件送至国家有关部门，交由中央领导人审阅。

## 四、意见采纳

国务院对提交的代拟稿进行了认真的审阅和校对，并针对当中存在的相关问题进行了多次探讨和论证，很快便给予了答复和修改

意见，于2011年9月份要求农业部补充征求参与的八个部委的意见，进行最后的完善。农业部在编制过程中组织的大量调研和专家研讨工作所提供的大量成果和研究报告对问题的进一步完善和细化起到了重要作用，在和相关部委协商探讨后，农业部起草小组调集精干力量对存在的问题和不足之处进行了修改和补充，于2011年10月中旬将完善后的稿件以及相关附件和辅助材料一并上交国务院办公厅。

## 五、审批通过

国务院对规划的编制工作给予了充分的肯定，于2012年1月16日，正式审批并以国发〔2012〕4号文件印发了《全国现代农业发展规划（2011—2015年）》。该规划包括了农业现代化发展自上而下的各个部分，对顶层设计如指导思想、基本原则和具体举措都做了详细的规定和要求。该规划也是新中国成立以来国务院第一次单独组织发布农业领域的现代化规划。农业现代化的发展关系到我国粮食的战略安全和人们日常生活的基本需求；在国内外环境复杂的情况下我国面临着新的机遇和挑战，党中央、国务院对国家粮食安全和农业现代化发展高度重视。工业化、城镇化、信息化所取得的令人瞩目的成就为农业现代化的协调发展提供了技术、资金方面的支持，有助于农业由传统的耕作模式向现代化转型。因此，以农业部为主的各部委步调一致、相互配合、各负其责，深入落实“十二五”纲要指导精神，全面深化改革，在顶层设计上高瞻远瞩，起到了指导性、纲领性的作用，为农业未来的全面发展打下了坚实的基础，也为以后农业专项规划的编制工作积累了宝贵经验。农业现代化发展规划编制流程见图3—2。

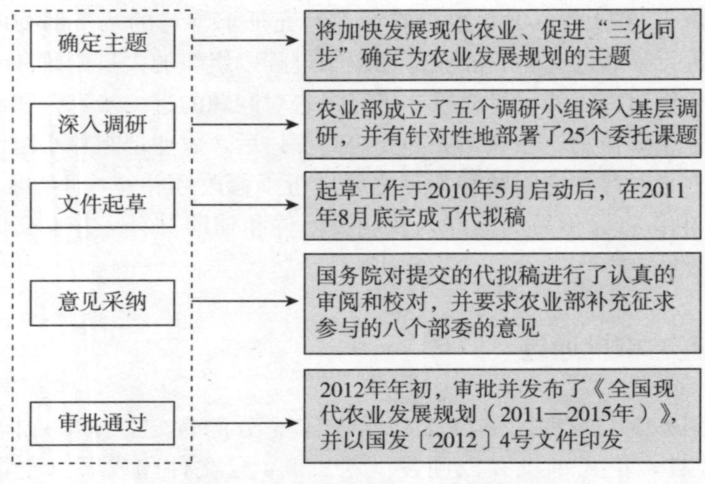


**图 3—2　农业现代化发展规划编制流程**

## 第五节　不同类型的农业规划与功能引导

### 一、农业五年规划

国民经济与社会发展规划的内容是对全国或某地区的经济、社会、文化发展进行统筹安排和调控指导，它作为全国或者某地区发展的总纲领，具有极强的战略性和指导性。国民经济与社会发展规划一般分为国家、省（区、市）、市县三级，一般为五年规划周期，远期发展目标是发展规划主要的关注点，发展规划注重总量指标的制定，着重于控制国民经济发展的生产总值、全社会投资总量、经济增长速度、企业效益、产业结构等方面的指标，特别注重对产业以及社会的发展目标的制定，而对发展规划的目标和实施手段却不

要求具有明显的空间指向性，指标和手段一般不落地。在 2003 年我国正式将“十一五”计划转变为“十一五”规划之前，国民经济与社会发展五年规划是以五年计划的形式出现的。“十一五”后，我国的发展计划向发展规划转变，代表着市场经济条件下，我国政府职能从微观管理转变为宏观调控，从精细化管理、全能政府向有限政府、战略指导性调控管理转变，最大限度地发挥市场在指导资源配置时的基础作用，使得我国政府能够从琐碎的、精细的微观问题中跳出来集中精力为社会公众提供急需的公共服务，对市场失灵部分进行及时调控，防止政府的“越位”和“缺位”。国家加强、改善宏观调控的重要手段就是通过制定五年规划来履行自身在调节经济发展、监管市场、提供社会公共服务方面的职责。科学合理地编制国民经济和社会发展规划对科学合理、有效地配置公共资源具有积极作用，能够引导市场充分发挥其在资源配置方面的作用，有利于国民经济的健康发展和社会的持续进步。

我国的五年规划的管理体系分为三级三类。其中，若按行政层级划分，则国民经济和社会发展规划可以分为国家、省（区、市）、市县三级规划；而若按内容侧重点划分，则国家五年规划可以分为总体规划、专项规划、区域规划。国家总体规划和省（区、市）级总体规划、市县级总体规划分别由同级人民政府组织编制，并由同级人民政府的发展和改革部门会同有关部门负责起草；专项规划由各级人民政府有关部门组织编制；跨省（区、市）的区域规划由国务院发展改革部门组织国务院有关部门和所涉区域内省（区、市）人民政府有关部门编制。在内容方面，国家级专项规划原则上限于关系国民经济和社会发展大局、需要国务院审批和核准的重大项目以及安排国家投资数额较大的领域；国家对以有较强辐射能力和带动作用的特大城市为依托的城市群地区、国家总体规划确定的重点开发或保护区域等，编制跨省（区、市）的区域规划。

在总体规划、专项规划和区域规划的关系与角色定位方面，总体规划是国民经济和社会发展的战略性、纲领性、综合性规划，是

编制本级和下级专项规划、区域规划以及制定有关政策和年度计划的依据，其他规划要满足总体规划的要求。专项规划是以国民经济和社会发展的特定领域为对象编制的规划，是总体规划在特定领域的细化，也是政府指导该领域发展以及审批、核准重大项目，安排政府投资和财政支出预算，制定特定领域相关政策的依据。区域规划是以跨行政区的特定区域的国民经济和社会发展为对象编制的规划，是总体规划在特定区域的细化和落实。跨省（区、市）的区域规划是编制区域内省（区、市）级总体规划、专项规划的依据。国家总体规划、省（区、市）级总体规划和区域规划的规划期一般为五年，可以展望到十年以上。市县级总体规划和各类专项规划的规划期可根据需要确定。

五年规划（计划）虽然只有几十年的历史，但对我国农业的发展起到了巨大的引导作用。五年规划（计划）属于发展型规划，其中有很多关于农业与农村发展规划的内容。

## 二、农业空间规划

空间规划就是相关部门按照国家发展规划的总要求和方向制定的有关国家土地空间合理布局和合理开发利用的战略性规划或政策。空间规划一般具有明确的空间范围，指对空间内的资源的合理利用、产业布局、环境综合开发保护等内容进行规划，其目的主要是对空间开发格局进行优化，规范空间开发秩序，对空间的利用率进行提升，对空间实行合理管制。我国空间规划在近年来经过反复探索实践，类型不断丰富，已经初步形成了包括主体功能区规划、区域规划、城乡规划、国土规划、土地利用总体规划等在内的多层次、综合协调、较为完备的规划体系，这有助于我国各层级政府在城镇化中推进相关政策的落实。

近年来，我国对空间规划的重视程度不断提高，这主要出于以下几个原因：（1）在我国发展历程中，空间开发战略始终是国家总

体发展战略的重要组成部分，关于国土开发以及生产力布局的规划对提升我国国力有巨大的作用，有利于拓展国民经济的发展空间、提高国民经济的组织效率；（2）随着我国现代化进程的加速，推进经济发展方式转变成为大势所趋，地区结构优化有利于发挥不同区域的比较优势，能够从更大空间范围内解决产业重复建设、区际恶性竞争、大城市病严重、地区差距扩大等深层次矛盾和问题，是推进发展方式转变的一条有效途径；（3）随着资源环境约束不断突出，我国人地矛盾日益紧张，加快生态文明建设被提升到前所未有的战略高度，提高资源综合利用效率、切实保护生态环境、合理划定生产生活生态空间、促进对国土用途的科学管理成为必然要求；（4）随着我国新型城镇化的不断推进，我国政府职能急需转型，空间发展战略、规划与政策将成为政府转变职能、履行职责的重要手段，地位明显提升。

《国家新型城镇化规划（2014—2020年）》明确提出要“根据土地、水资源、大气环流特征和生态环境承载能力，优化城镇化空间布局和城镇规模结构，在《全国主体功能区规划》确定的城镇化地区，按照统筹规划、合理布局、分工协作、以大带小的原则，发展集聚效率高、辐射作用大、城镇体系优、功能互补强的城市群，使之成为支撑全国经济增长、促进区域协调发展、参与国际竞争合作的重要平台。构建以陆桥通道、沿长江通道为两条横轴，以沿海、京哈京广、包昆通道为三条纵轴，以轴线上城市群和节点城市为依托、其他城镇化地区为重要组成部分，大中小城市和小城镇协调发展的‘两横三纵’城镇化战略格局”。

### （一）我国空间规划发展演进过程

在各类空间规划中，城市规划最早起步。“一五”时期，国家发展计划共设计了156个重点工业项目，城市规划编制工作也在十几个城市中逐步展开。1990年出台的《城市规划法》确立了城市规划的法律地位，2008年《城乡规划法》颁布实施，对拓展城乡

规划的作用起到了极大的作用。20 世纪 80 年代后在国外国土资源开发工作推进的整体背景下，我国国土整治工作全面展开。1990 年，国家计划委员会会同有关部门编制了《全国国土总体规划纲要（草案）》，由于多种原因，该规划纲要草案未获国务院正式批复，但其提出的南水北调、三北防护林等涉及国土开发的重大工程仍被付诸实践。近年来，新一轮以全国为对象的国土规划纲要的编制工作已经由国土资源部、国家发改委启动。1987 年，《土地管理法》的正式落实执行促使我国土地利用总体规划快速发展，对土地资源配置效率的提高以及资源的合理化管理起到了积极作用。1990 年以来，国家区域发展总体战略的落实更加深入，中央政府陆续批复了许多区域规划，促进重点地区的快速开发开放，使这些区域自主发展的活力充分迸发，并且为区域间的协调发展提供了新的指导。“十一五”以来，国家积极推进主体功能区规划，有效地规范了对空间的开发行为，许多主体功能区规划在成熟后被相继上升为国家战略或地方区域发展的基本制度。为进一步有效利用空间规划引导我国的新型城镇化发展，需要首先对我国空间规划的分类和内容进行了解。

### （二）我国空间规划的分类

空间规划可以依据规划的主体功能和特色的不同分为四类：一是对全国空间格局的宏观性、整体性的规划，着重于划分国土空间功能区域、制定总体框架和明确开发方向的战略性的规划，例如《全国主体功能区规划》等；二是以培育区域增长为主要目标的，着重于突出地区特色和提升整体竞争力的促进性的规划，例如某些区域规划等；三是着眼于对战略资源的优化配置，侧重于对资源的开发保护的某一类专业的、单项的规划，如土地利用总体规划、生态环保规划等；四是比较精细化的，带有较强控制性的，着重于对区域人口、城镇布局进行优化的管制型规划，如重大基础设施建设规划等。

### （三）主体功能区规划

主体功能区划是对区域内的资源环境承载能力、资源的开发密集度和潜力进行综合评价，对某地区人口、经济、土地和城镇的格局进行综合规划统筹，根据区域空间的具体情况将国土空间划分为四大类——优化开发区域、重点开发区域、限制开发区域和禁止开发区域——的过程。国家主体功能区划是针对全部国土资源的，具有时间期限和较强的约束性。基于主体功能区划，国家相关部门设计了国家主体功能区规划，明确主体功能区的数量、位置和范围，明晰各类主体功能区的发展要求，并对不同主体功能区的区域政策进行评价，进而根据评价结果修订主体功能区的相关规划，为主体功能区的发展提供规划上的引导和保障，促进形成合理的空间开发结构。主体功能区规划应该明确目标年限和规划的空间范围。从层次上看，主体功能区规划主要由国家和省级两级构成。目前我国全国主体功能区规划的规划期限直至 2020 年，并根据中期评估结果不断进行调整，下级政府根据国家总体规划的要求编制自身的主体功能区规划。

主体功能区一共有重点开发区域、优化开发区域、禁止开发区域以及限制开发区域这四种。不同的主体功能区的定位分工不同，发展模式、思路和战略也各异，通过主体功能区规划可以缓解日益严峻的资源环境问题，从而对资源空间进行科学合理的规划。重点开发区域的环境资源承载能力一般比较强，适合人口的大量集聚和经济的快速、大规模发展。一般此区域的规划主要以改善创业投资环境、夯实基础设施建设、提高经济集聚效果为主，积极引导产业的集群发展，加速城镇化和工业化的发展，而禁止或限制开发区域的人口可以适当向此区域转移，此区域也可以承接相应产业的转移。因此，此区域的定位就是人口、经济集聚的重要载体。优化开发区域一般代表那些虽然拥有很大的国土开发密度，但环境资源的承载力已经开始下降的那些区域。这些区域的发展主要以减小物

资消耗、提高土地利用率为主，将效益和质量作为区域发展的首要条件，促进不同产业的分工协作和良性竞争，是经济发展的主体区域。禁止开发区域一般属于自然保护区。这些区域要求避免人为的干扰因素。限制开发区域是指某区域的资源环境承载力很小，同时其发展会对更大范围的生态或国家安全产生消极影响。因此，对这些区域应该在保证资源环境承载力的前提下因地制宜地发展特色产业，改善环境及生态，引导超载人口合理有序转移，建立国家重要生态保护区。

## 三、农业区域规划

区域规划实际上是以某一区域为对象，对该区域中的经济、社会发展进行统筹的规划。对区域经济发展的目标、方向和结构进行合理设定，对生产力进行科学布局，对工业、农业和城镇居民点进行合理配置，使区域间各部门之间的资源配置相互协调，实现最佳的区域经济效益、社会福利和生态环境。区域规划的期限一般应当超过 20 年。区域规划一般是战略性的、综合性的，而且具有地域性。战略性是指区域规划要对规划地区经济建设的战略布局做出重要决策。规划时要从规划区域与其他区域乃至全国的关系的角度，研究、拟订规划区域的发展方向、发展指标。综合性要求区域规划对区域内社会、经济、资源环境等各个方面的内容统筹兼顾。地域性是指区域规划不仅要明确特定地区社会经济的发展目标、方向，而且要突出地区自身的特点，避免千篇一律的发展模式。之所以强调地域性，是因为自然资源、社会经济资源及其开发利用条件具有地域差异。

区域规划的主要内容是对自然资源的开发利用，对工业和城镇进行合理科学的布局，此外还包括对土地的利用、结构布局等方面的规划设计。总体上，区域规划的内容有对地区发展方向的预测以及综合评价，对区域经济制定合理的发展目标，规划主要资源的开

发规模以及合理化产业结构，优化工业与企业的布局组合；而在农业与土地利用方面，区域规划则着重于发展城乡居民点体系和规划城镇布局。

### （一）我国区域规划的体系

我国的区域规划工作始于20世纪50年代的第一个五年计划后期，目的是加强新工业区和新工业城市建设。之后，以工业和城市为中心的区域规划逐步扩大为经济区域范围的多部门经济所组成的生产地域综合体规划。其中，有以经济特征划分的经济区域规划，如上海经济区规划，黄、淮、海农业区规划；也有按行政区进行的区域规划，如省（市）、区和县级综合发展规划。此外，还有以矿产资源综合开发利用和工业、城镇布局为中心的区域规划，以水利资源综合开发利用为中心的流域规划，各种不同等级和类型的农业区划和风景旅游地区的区域规划等。

以空间布局为视角，目前可以将我国的发展区域划分为长三角区域、珠三角区域、成渝区域等。区域规划中包含着不同的层次，有跨省的区域规划，例如对珠三角地区经济社会发展的区域规划，还包括跨地级市的，而不少区域规划既跨省也跨地级市，如《长江三角洲地区区域规划》不光涉及多个省份，而且还包括上海、南京、镇江、扬州、苏州、无锡、常州、泰州等16个城市，要求对两省一市的发展进行统筹，并进一步将区域发展的效果辐射至泛长三角地区。

### （二）我国区域规划的分类

大体上，依据是否跨行政区，我国的区域规划可以划分为两类。跨行政区的区域规划一般针对那些不属于某一单一的行政区管辖、空间资源不容易被合理开发、重复建设率较高、生态环境面临破坏的区域，区域规划能够帮助这些区域进行统一的资源环境优化配置。特别地，跨行政区规划已经成为区域规划中最被迫切需要的

一类规划。而对省内跨县（市）地区而言，例如苏锡常地区、长株潭地区、河南中原城市群等，由于这些区域基本属于同一省的管辖范围，并没有跨省，因此相对较好规划。还有一种常见的跨县区域规划类型，这种规划类型与传统的“市带县”相似，主要以比较完整的“城市—区域”单元形式呈现，其中心可能是单一的，也可能不是单一的，类似于国外典型的大都市区，作为区域规划的一类，也是十分重要的。一般地，上一层次的行政部门负责跨行政区的区域规划的组织编制与落实。而跨省区域规划因其涉及的区域范围较广，主要由国务院等部门牵头制定，各省、地区相关部门辅助编制自身的相关规划。省级政府主要负责牵头组织跨县区域规划。

不跨行政区的区域规划就是与行政区划相吻合的空间规划。省域规划在实际的国家对区域发展的宏观调控中具有极其重要的意义。省域规划就是对一个省（市、区）内部的社会经济、资源环境等相关方面发展的总体性规划，省级政府负责制定相关的省域规划，且相关规划需要经过国务院及相关职能部门的审批。县域规划，顾名思义就是针对县范围的区域规划。我国目前有 2 000 多个县级行政区。县级行政区作为我国最基本的行政单元，对我国的社会、经济发展具有重要作用，也对推动我国区域的城乡协调发展有着十分重要的意义。十六届三中全会通过的《中共中央关于完善社会主义市场经济体制若干问题的决定》指出我国今后应当大力发展县域经济，而县域规划作为对县级政府职能的直接引导，对我国从县级推动新型城镇化发展具有难以忽视的实践和理论意义。目前县域规划的编制和修订主要由县政府负责。

### （三）我国区域规划的现状

近几年来我国的区域规划逐渐受到重视，许多区域规划相继出台并得到中央的肯定，光是国务院或者国家发改委发布的区域规划就多达六十多个，涉及东部地区、环渤海地区、京津冀地区、海西

地区、珠三角地区、西部地区以及中部地区，范围十分广泛，各具特色，为不同地区多样化发展、因地制宜地推进城镇化建设奠定了良好基础。

## 四、农业规划引导面临的问题

改革开放以来，我国始终坚持把加强政府农业管理改革、推进农业市场化作为破除计划经济束缚、促进生产要素流动的重要手段，进行了长期不懈的实践探索，这一过程大体分为四个阶段。第一个阶段是 1978—1984 年的起步阶段，我们通过推行家庭承包经营打破了人民公社体制，使包产到户、包干到户等多种责任制形式的家庭承包经营制度成为我国农村的一项基本经营制度，调动了农户生产积极性，极大释放了农业生产力；第二个阶段是 1985—1991 年的探索阶段，通过取消统派购制度，实行农产品购销价格“双轨制”，逐步放开了农产品流通和价格，把市场机制重新引入农业领域当中；第三个阶段是 1992—2002 年的市场化确立阶段，通过全面取消统购统销制度，加快国有企业市场化改革，加入世界贸易组织，基本建立了适应市场经济要求的农产品市场体系，政府与市场的关系也基本实现了由全面管制到以调控为主的转变；第四个阶段是 2002 年至今的全面深化阶段，通过进一步深化粮棉流通体制改革，推动市场主体多元化发展，全面放开了农产品市场和价格，并逐步确立了政府干预市场的现代机制。

经过三十多年的改革发展，我国政府农业管理改革不断深化，农业市场化建设取得显著成效。一是广大农户等生产经营者的市场主体地位基本确立。改革开放以前，农业生产和流通完全依据政府指令进行，对土地等农业资源的管理、使用以及产品的处置和收益分配等都完全由集体控制。改革开放后，通过实行家庭承包经营、鼓励发展多种经营、放开农产品购销、加快构建新型经营体系等一系列改革措施，广大农户逐步成为经营自主、颇具活力的市场经济

主体，农民“生产什么、生产多少”基本在价格引导下进行。当前，农业生产经营的主力军正由传统小农向家庭农场、种养大户、农民合作社、农业企业等新型主体加速转变。截至 2014 年年底，全国农业龙头企业超过 12 万家，家庭农场为 87.7 万家，农民合作社超过 128 万家，经营面积在 50 亩以上的专业大户超过 300 万户。二是农业生产要素基本实现市场配置。改革开放前，我国实行城乡分治的政策，农业劳动力被严格束缚在土地上，城乡之间资金、技术等生产要素的双向流动被人为阻隔。随着农业市场化改革的不断深入，农业生产要素自由流动的各种壁垒逐步消除，农业劳动力、资金、技术等生产要素基本实现了市场配置。截至 2014 年 6 月底，全国农村承包耕地流转面积占总承包地的比重达到 29%。近年来，我国每年新增外出务工人员 1 000 万人以上，截至 2014 年年底，农民工总量达 2.74 亿人。三是农产品市场定价机制基本确立。随着农业市场化改革的深入推进，政府对农产品价格的干预基本取消，农产品市场流通体系逐步完善，价格基本由供求关系决定。目前，农副产品收购总额中市场调节价的比重达到了 98%以上。经过多年的发展，由农贸市场、批发市场、区域性市场、期货市场等构成的现代农产品市场体系日趋成熟，各类经纪人、批发商、零售商、代理商大量涌现，农产品“全国买、全国卖，全球买、全球卖”的格局基本形成，农产品市场交易异常活跃。四是农产品市场秩序逐步规范。市场交易规则不断完善，改革开放以来，农业领域共制定现行有效法律 15 部、行政法规 28 部、农业部规章 159 部，初步形成了以《农业法》为核心，以相关法律和行政法规为主干的农业法律法规体系。农产品市场监管体系建设取得显著成效，农产品市场准入、监测及监督等制度基本建立，初步形成了集监管、维权、服务、执法于一体的农产品市场综合监管体系。目前，全国已有 86%的地市、71%的县市建立了专门的监管机构，已有 30 个省、272 个地市、2 322 个县开展了农业综合执法，县级覆盖率达 99%。五是农业市场调控能力不断增强。在补贴政策上，取消了农

业税，实施了“四补贴”，2014 年，农业“四补贴”达到 1 700 亿元以上；在价格政策上，实施了稻谷小麦最低收购价，玉米、食糖、油菜籽临时收储和生猪价格调控预案政策等，还启动了棉花、大豆目标价格试点；在投资政策上，不断加大对农业综合生产能力、科技创新能力、公共服务能力建设的支持力度，近几年，中央预算内投资用于农业农村的比重已超过 50%；在金融政策上，农业金融保险服务体系已粗具规模。2014 年，国务院办公厅印发了《关于金融服务“三农”发展的若干意见》，为进一步提升农村金融服务的能力和水平，实现农村金融与“三农”共赢发展描绘了具体实施的路线图。截至 2014 年第三季度末，全国金融机构涉农贷款余额达 22.9 万亿元，同比增长 13.7%。农业保险承保农作物面积突破 11 亿亩，占全国主要农作物播种面积的 42%。

我国农业管理改革中的显著成效正是我们在市场化的导向下，通过不断简政放权，不断建立与完善市场价格机制、供求机制、竞争机制，不断“强市场、弱计划、增服务、减干预”，不断调整优化政府与市场之间的关系取得的，这也是我们在今后的改革中应坚持的方向。

### （一）解决部分领域的政府管理缺位问题是矫正市场失灵的迫切需要

当前，我国政府农业管理在部分领域缺位的问题依然比较突出。一是农业投入水平仍然较低，公共产品和公共服务供给不足。基础设施、科技、信息、金融保险等是加快现代农业发展的基础支撑。各国政府为了在国际农业竞争中抢占制高点，都在加大农业公共产品供给和强化公共服务能力建设。例如，美国在其 2014 年的农业法案中，突出了农业保险的作用，五年中安排了近四百亿美元的作物保险预算，并对农业保险的覆盖范围进行了拓展。欧盟在其 2013 年的共同农业政策改革中，更加重视农业农村基础设施、农业科技创新和转化、农业产业链培育等。从目前我国的情况看，农

业领域先进要素支撑能力不强，主要是由于对公共产品和公共服务的投入不足。农业研发投入比重过低、信息化基础设施薄弱、金融保险体系不健全等成为制约现代农业发展的重要因素。目前，我国政府农业科技投入占农业生产总值的比重约为0.5%，为世界平均水平的1/3。全国性、综合性信息服务平台建设滞后，信息服务“最后一公里”梗阻问题突出。全国仍有7%左右的乡镇没有金融机构网点，2014年前三季度全国金融机构人民币贷款余额中，农户贷款仅占6.6%；农业保险保障水平低，农业保险平均保额与物化成本相差35%。

1. 农业法律法规标准及市场规则散、乱、杂、缺，部分领域监管缺位，目前，我国农业市场化规则框架已经基本形成，但仍然存在法律法规协同性较差、准入制度和信用奖惩制度不健全、监管乏力等问题

在协同性方面，农业法律法规的起草和实施过于分散，分布在农业、发改、财政、林业、水利、科技、国土、环保、商务等不同部门，在制定和实施过程中，各自为政，衔接不畅。在多头管理的背景下，建立全国统一、权威高效的法律法规体系无从谈起。例如在猪肉的生产流通过程中，关于兽药的法规和标准由食品药品监督工商管理等部门负责，关于饲料生产、添加剂的法规和标准由农业部门负责，生猪养殖环节由农业、检验检疫等部门负责，猪肉销售及卫生监督由商业部门、质检部门和卫生部门共同负责。在准入和信用奖惩制度方面，由于我国还没有形成健全的生产者、产地环境、投入品等环节相配合的农业市场准入制度体系，因而生产者龙蛇混杂，产品良莠不齐，投入品鱼目混珠。信用体系不健全、奖惩激励不恰当导致假冒伪劣、坑蒙拐骗、拖欠赖账等行为泛滥，严重破坏了市场规则，威胁到了营商环境的法治化，不利于形成公开、公正、透明的现代农业市场体系。在监管方面，大多数基层监管部门力量薄弱，手段单一。如在质检体系建设中，由于掌握高精尖检测技术的人才短缺，一些先进检测仪器配备到位后无

人会用，监管缺乏持续性和系统性，质量安全事件发生的源头仍然没有卡住。

2. 农业资源定价机制、利益补偿机制和奖惩机制不健全，不能全面反映经济社会生态价值

农业是具有多功能性的产业，具有很强的正外部性，对农业资源的价值评估不能简单地算经济账，而要算生态环境账、社会稳定账。现实中，在资源使用上，一些地方只看到了农业生产的经济价值，忽略了生态和社会价值，加之城乡要素平等交换关系未能完全建立，导致了农业资源和生态空间被过多占用，农业生产要素"非农化"现象严重。目前，全国每年有600万亩耕地转为非农建设用地。如果观察改革开放以来东南沿海地区工业发展与农地占用的情况，那么可以发现，工业产值每增加1万亿元，粮食播种面积就减少约1 300万亩。在资源保护上，由于补偿标准低、覆盖面窄，难以调动各方面保护资源环境的积极性，因而资源破坏浪费现象严重。目前我国90%的天然草原出现了不同程度的沙化退化，北方草原平均超载率超过36%，草原覆盖率仅为53.8%；水土流失面积为295万平方公里，年均土壤侵蚀量达45亿吨；全国沙化土地面积为173万平方公里，石漠化面积为12万平方公里；近十年湿地面积减少了3.4万平方公里，湖泊水面面积减少了1.9万平方公里。同时，由于奖惩机制不健全，一些不法企业偷排、超排现象严重，部分地区农业生产过量施肥施药，加剧了生态环境的破坏。据监测，我国部分地区耕地、林地、草地土壤污染点位超标率分别达到了19.4%、10.0%、10.4%。镉、砷等不断向农产品产地的环境渗透，农产品重金属超标等问题时有发生。

如果政府不能有效解决这些缺位问题，那么就会造成严重的负外部性，损害市场主体的合理合法权益。这就要求我们必须深化政府管理改革，及时补位，有效调节市场主体行为，弥补市场缺陷。

## （二）解决部分领域的政府管理越位问题是最大限度减小市场扭曲的迫切需要

当前，我国政府农业宏观管理在部分领域越位的现象依然比较突出，扭曲了农业资源配置。

### 1. 托市收购政策在一定程度上对农产品价格形成干预，抑制了市场价格形成机制

近年来我国实施的一系列价格调控政策为增加农民收入、稳定农产品市场发挥了积极作用，但也扭曲了市场价格形成机制，农民对托市收购的依赖性日益提高，适应市场的主观能动性降低。比如部分地方的农民不愿意种植优质品种，因为无论质量好坏都是托市价；企业入市收购的积极性受到打击，很多企业更愿意替粮食收储部门代收代储代烘干，因为拿点仓储补贴比干实业强得多；粮食等重要农产品的国内外价格的倒挂严重，我国成为国际农产品价格“高地”，在进口压力激增的同时收储库容“爆仓”，据估计，2013—2014 年度东北地区收储政策性粮食有 1 200 多亿斤，但可利用的有效仓容为 800 亿斤左右，缺口明显。同时财政不堪重负，如果将收储入库的大宗农产品销售出去，那么还会进一步造成收储体系亏损。如果把托市收储等计入黄箱政策，那么我国的玉米、棉花和油菜都已突破 WTO 规定的 8.5%的上线。

### 2. 个别地区“下指标、定任务、垒大户”，过度干预土地流转

适度规模经营是我国现代农业发展的方向，政府应积极引导，做好服务，用市场的办法实现自愿流转。但是在实际操作中，一些地方政府往往忽视土地流转的渐进性、长期性、艰巨性，不顾农民意愿，使用行政命令强行推动土地流转，甚至搞“挂一接二连三”（挂着发展农业的牌子搞第二、三产业），这不仅损害了农民的利益，而且加剧了土地的“非粮化”“非农化”。湖南某县在政府的推动下出现了 17 个万亩粮王，但由于规模过大，“打肿脸充胖子”，三分之一都破了产，甚至导致土地撂了荒。

3. 个别领域行政审批程序复杂烦琐，阻碍了市场主体的正常发育

目前，农业管理的某些领域仍存在审批事项过多、范围过大、环节过杂、时间过长等问题。企业在生产经营过程中经常遭遇“弹簧门”“玻璃门”，无法对市场信号做出及时有效的反应。例如，目前种子企业需要办理生产许可证和经营许可证，生产许可证有效期为3年，经营许可证有效期为5年，企业每隔2～3年就要换一次许可证，而且，换证需要经县、市、省层层审核，程序复杂，耗时较长。尤其是有些企业的除“两杂”（杂交水稻、杂交玉米）以外的主要农作物在一个地区有几个生产基地，必须办理多个生产许可证，给企业带来了沉重负担。

如果政府不能有效解决这些越位问题，那么就会影响市场机制的发挥，降低市场运行效率。这就要求我们必须深化政府管理改革，及时归位，最大限度地减少对农业资源配置的干预，防止政府失灵。

## （三）解决部分领域的政府管理错位问题是提高政府调控的精准性和市场运行的有效性的迫切需要

当前，我国政府农业宏观管理在部分领域错位的现象依然比较突出，导致调控“脱靶”，没有实现预期的目标。

1. 部分调控政策缺乏系统性和前瞻性，导致效果与目标相去甚远

在农产品市场调控领域，有时不能充分统筹考虑产品间、产业间、产业链各环节间、利益主体间复杂的连锁反应，“头疼医头、脚疼医脚”，使政策调节效果背离预期目标。例如，近年来，经常出现“一头猪拱起CPI”的现象，每当发生猪肉价格大幅上涨的情况时，政府就启动能繁母猪等补贴政策，却忽视了养殖户已经在高价刺激下大量补栏，这就人为地放大了价格的刺激效应，为下一个“猪周期”埋下了伏笔，导致猪肉供给超量，猪肉价格超跌，猪价波动幅度加大，波动频率提高。

2. 部分农业补贴政策指向性和精准性不足，补贴对象、功能、操作方式严重错位

在补贴对象上，种粮直补、良种补贴、农资综合补贴等没有考虑目前土地流转和农业适度规模经营的发展趋势，单纯按照承包地面积向承包人发放补贴，导致很多实际种粮的农民没有拿到补贴，尤其是种粮大户等新型经营主体极少从补贴政策中直接获益。在补贴功能上，部分补贴指向不够明确，目前的种粮直补、农资综合补贴以及部分良种补贴已经变成收入补贴，农民获得补贴后可能直接用于家庭消费，而不是投入农业生产，这就造成补贴不能发挥保障国家粮食安全的作用。有学者通过对六省一千多个农户的实证研究发现，粮食直补和农资综合补贴对粮食生产的作用为零。在补贴的操作方式上，在发放部分补贴的过程当中，政府对农业生产经营基础数据掌握得不详细、测算得不准确，对“补给谁、补多少、怎么补”不清晰，补贴方法要么过于简单，要么就不具有可操作性，缺乏有效监督，不仅会降低补贴政策的效能，而且容易出现权力寻租、套取补贴等违规行为。

3. 部分政策缺乏综合性和平衡性，实施中产生了一些负面影响

目前，部分农业政策设计紧紧围绕粮食增产和农民增收两大目标，而对生态资源保护考虑不足。例如，国家对化肥、农药、农膜等农资实施补贴政策，对部分重要农资销售实行市场限价或出厂补贴，这在降低农户的生产成本的同时，刺激了对化学品的大量使用，加剧了水土污染等环境问题，增大了食品安全风险。据国家统计局的数据，我国化肥当季利用率仅为30%左右，低于发达国家20个百分点以上；农药利用率仅为33%左右，低于发展中国家20～30个百分点。

4. 农业管理政出多门，职责错位造成政策执行效率低

农业生产、农业投资、农产品流通、农产品进出口、农业科技研发、农业资源环境和农用生产资料管理政出多门，造成农业管理

“九龙治水”的局面，并且各地区、各部门、各行业之间没有合理有效的协调机制，无法形成合力，因此政策制定、执行和协调成本居高不下，工作效率不高。例如，在农业投资管理中，中央支农资金分属财政、水利、农业、商务、科技、国土资源等二十多个部门，财政支农款项达一百多种，这就造成支农资金的分配、使用和管理紊乱，农业投资项目零敲碎打、交叉重复等问题极为突出。再如，由于农产品托市政策涉及财政、农业、商务、粮食、民政等部门，加之受部门本位主义、地方保护主义和寻租活动的影响，托市政策中的“跑、冒、滴、漏”现象难以避免，政策实施过程中生效时滞长，管理成本高，托市政策的效率大打折扣。

如果政府不能有效解决这些错位问题，那么就会影响农业政策的实施效果，难以实现调控目标。这就要求我们必须深化政府管理改革，及时正位，强化政策顶层设计和分层对接，科学把握实施政策的时机和力度。

### （四）深化政府农业管理改革必须把握农业特殊性，厘清政府与市场的边界

新形势下深化政府农业管理改革，必须遵循市场经济条件下世界农业发展的一般规律，从我国基本国情农情出发，充分考虑我国农业发展的特殊阶段和特殊外部环境，紧紧围绕政府职能的补位、归位、正位，明确重点领域，该放的放彻底，该管的管到位，该硬的硬起来，使政府真正成为为农业发展保驾护航的“守夜人”，推动形成诚信公正、有序高效的农业市场体系。

## 五、农业规划的发展方向

考虑到“十三五”期间中国农业现代化所处的阶段和面临的挑战，农业现代化的进一步深化必须坚持以科学发展观为统领，适应新的发展形势，明确新的发展目标，探索新的发展模式，牢牢把握

“一个中心”“两个联动”以及“三个抓手、三个关键”，全面贯彻落实党的十八大和十八届三中全会精神，进一步解放思想，稳中求进，改革创新，坚决破除体制机制弊端，坚持农业基础地位不动摇，加快推进农业现代化。

### （一）坚持“一个中心”：以“工业反哺农业”的农业现代化思路为中心

在我国工业化发展初始阶段，农业支持工业，为工业提供积累；而工业化发展到今天，必须坚持“工业反哺农业”的思路来推进中国农业现代化的进程，因为“工业反哺农业”不仅是提高我国农产品竞争力、保障粮食安全的要求，而且是发展农业生产、推进社会公平的要求。以“工业反哺农业”作为“十三五”农业现代化过程中的中心，既明确了农业现代化发展的重要性，又夯实了实施其他相关政策的基础。

第一，体制机制反哺。应继续深化改革城乡一体化机制，破除城乡一体化进程中的制度障碍，进而彻底改变农业向工业“输血”的状态，建立工业为农业“造血”的新格局。

第二，公共服务反哺。在深化体制机制改革的基础之上，应该进一步将工业发展成果反哺于相关公共服务。一方面，将有关的公共资源和设施向农村地区倾斜，惠泽更多的农民群体；另一方面，保证进城务工人员在医疗、教育等方面的福利。

第三，产业发展反哺。在“十三五”农业现代化发展过程中，工业成果对农业产业的反哺必不可少。可以通过加大对农业部门的投入，创新农业生产、经营、销售体系，进一步促进我国农业发展的现代化进程。

### （二）把握“两个联动”，建立“农村—城市”“农民—居民”联动发展的城乡一体化机制，促进农业现代化的发展

继续深化城乡一体化发展机制，为农业现代化的进一步发展培

育土壤。而新形势下的城乡一体化发展需要建立两个联动来真正地破除城乡二元体制。

第一，要建立“农村—城市”的联动机制，深化农村土地制度改革，破除财产权益的二元化。20 世纪以来我国农业土地制度经历了三次大的变革，其中家庭联产承包责任制在中国农业现代化进程中发挥了极其重要的作用，对农业生产、农村发展、农民收入等都产生了巨大的影响。然而随着我国的经济发展进入一个新的阶段，社会格局悄然地发生变化，同时全球化的影响力也在不断加大，现行的家庭联产承包责任制面临着巨大的挑战。其中地权的明确性以及稳定性是现今家庭联产承包责任制面对的两大难题，应该以此为突破口，促进“农村—城市”联动机制的建立。

第二，要建立“农民—居民”的联动机制，深化城乡户籍制度改革，破除公共权益的二元化。纵观世界经济社会发展史，中国的户籍制度是一道亮丽的“风景线”，随着中国经济的转型，户籍制度成为阻碍城乡联动发展的主要因素，不利于农业现代化的进一步深化。目前，很多中小城市已经开始试点取消户籍制度，户籍制度改革已经取得了不少成效。在“十三五”农业现代化进程中，应该继续深化改革，保证农村劳动力的有序流动，实现农业劳动力的最优配置。

### （三）贯彻“三个抓手、三个关键”

第一，坚持以生产为抓手，关键在于进一步优化要素投入。

在土地方面，一要明确权属，明晰“确权确地”以及“确权确股不确地”的适用性；二要稳步推进流转，为规模经营搭建平台。在资本方面，要明确农业机械投入是提升农业劳动生产率、实现农民增收和保障粮食安全的有效途径，而我国耕地细碎化的现实决定了不可能走美国大农场式的农业机械化道路，健全农机跨区服务市场是我国实现农业机械化的必然选择。在劳动力

方面，在扫清劳动力转移制度障碍的基础之上，要重视培训，随着城镇化进程的加快，人口红利减少，应加大培训力度，培育新型农民。在科技方面，一要加大投入，加大对农业科技转化的资金投入，逐步建立多元化、多渠道、可持续的资金投入机制；二要营造环境，应搭建国际合作平台，加快对农业科技成果的应用，同时鼓励涉农企业“走出去”，提升中国农业的国际竞争力。

第二，坚持以加工为抓手，关键在于加大相关政策的扶持力度。

一要明确相关政策支持的重点领域。这就要求我们致力于建设高标准的原料基地，积极发展农产品产地初加工，努力探索特色农产品的二次精加工，通过拓展产业链实现农业垂直一体化，不断提高农产品的附加值。同时要加快农产品加工企业的技术创新，重点扶持农产品加工领军企业，并在此基础上带动其他企业的发展。二要继续加大对相关企业的扶持力度。也就是说，既要在财政税收政策方面给予相关企业支持，降低行政性收费标准，创新金融保险服务体系，又要鼓励发展农产品加工业产业集群，吸引更多的劳动力就业，促进更多的资本流通。三要加强农产品加工技术创新推广，在政策保证的基础之上，促进农产品加工技术不断更新发展，确保农产品的质量。

第三，坚持以销售为抓手，关键在于创新农业销售途径。

一要发展多元化销售途径，大力支持农业龙头企业。龙头企业是农业产业化经营的关键，应加大财政补贴力度，支持龙头企业通过兼并、重组、收购等方式扩大经营规模，形成品牌，同时积极引导龙头企业与农户建立多元化的联结机制。可通过订单农业、农超对接等途径促使农户与企业建立稳定的购销关系，充分实现农业产业化的增收效益，让农民享受更多的利益分红。二要大力发展农民专业合作社，要加强引导，鼓励创新，发展多种形式的合作社，同时应规范经营，引进人才，建立合作社指导服务中心。

三要鼓励企业加强对农产品物流体系的建设，发展电子商务、物流配送等。

## 第六节　本章小结

本章首先回顾了我国农业规划工作的发展历程、领导机制以及决策机制，并介绍了规划工作的分工、落实和监督机制。接着，通过“十二五”规划和现代农业发展规划对规划的制定流程展开了介绍。其中，“十二五”规划的制定流程包括前瞻研究、确定主题、调查研究、建议起草、全国征求意见、审议出台意见、征求意见并起草规划纲要、全国人大审议等步骤。“十二五”规划的制定突显了我国规划工作领导机制及决策机制的重要作用。此外，现代农业发展规划的制定流程为确定主题、深入调研、文件起草、意见采纳和审批通过。现代农业发展规划具有重要的现实意义和实践价值，它对促进农民增收、农村建设和农业发展具有积极的引导作用，同时为以后农业专项规划的编制工作积累了宝贵经验。

# 第四章

# 规划中的农业发展政策及其绩效评估

改革开放以来，中国经济实现了高速增长，经济总量迅速增加，不仅综合国力迅速增强，而且国民生活水平也大幅提高。然而，伴随着经济的快速增长，地区间经济发展差距、城乡差距也在逐渐扩大。当前，农业在国民经济构成中呈现出“小部门化”趋势，但是其在国民经济中的作用却是“多功能化”的。农村在区域发展中处于弱势地位，但是其发展事关破除二元经济结构束缚。而且，新时期以来，随着区域协调发展的内涵更加丰富，农业农村发展被赋予了社会管理、精神文明以及生态文明方面的意义。换言之，农业作为国民经济发展的基础性产业，其重要性不容置疑，再加上农业本身具有一定的弱质性，因此其健康可持续发展离不开政府的规划引导。那么，在国家规划体系中有哪些与农业农村发展相关的政策呢？其政策效果如何呢？

# 第一节 规划出台的背景

21世纪以来，我国第一个区域性战略规划就是西部大开发。经过十几年的发展，西部地区的经济增长速度一改滞后的局面，年均增长率达到了12.8%，主要的成果为以下几个方面：(1) 基础设施建设取得突破性的进展，青藏铁路、西气东输、西电东送这些标志性工程相继建成；(2) 生态建设规模空前，西部地区进行了大规模的退耕还林、退牧还草建设，森林覆盖率大幅度提高；(3) 社会事业取得长足进展，西部地区的教育、卫生、文化、体育、社会保障和就业水平大大提高；(4) 人民生活水平得到明显提高。

在西部大开发战略成功实施的基础上，"十一五"规划以来，国家择机密集出台了一系列区域发展规划（李冀等，2010），相继提出了全面振兴东北老工业基地、大力促进中部崛起、积极支持东部地区发展等战略。表4—1展示了2006年以来我国出台的区域性战略规划。

与此同时，我国主体功能区规划也日益成熟。2007年7月，国务院发布《关于编制全国主体功能区规划的意见》（国发〔2007〕21号），其中指出：一方面，以农业为主的地区，原则上要确定为限制开发区域；另一方面，应坚持城乡统筹，防止城镇化对农村地区的过度侵蚀。《全国主体功能区规划》把我国分为城市化地区、农产品主产区和重点生态功能区，在农业方面构建以"七区二十三带"为主体的农业战略格局，以"两屏三带"为主体的生态安全战略格局，促进城乡区域协调发展。

表 4—1　　2006 年以来我国出台的区域性战略规划

| 年度 | 区域性战略规划名称 | 文号 |
| --- | --- | --- |
| 2006 | 《全国土地利用总体规划纲要（2006—2020 年）》 | |
| | 《长江三角洲、珠江三角洲、渤海湾三区域外沿海港口建设规划（2006—2010 年）》 | 发改交运［2006］2354 号 |
| 2007 | 《东北地区振兴规划》 | 发改规划［2007］2005 号 |
| | 《现代农业示范项目建设规划（2007—2010 年）》 | 发改农经［2007］2029 号 |
| | 《“十一五”综合交通体系发展规划》 | 发改交运［2007］3044 号 |
| | 《综合交通网中长期发展规划》 | 发改交运［2007］3045 号 |
| | 《国家空间信息基础设施建设与应用“十一五”规划》 | 发改地区［2007］3454 号 |
| 2008 | 《广西北部湾经济区发展规划》 | 发改地区［2008］144 号 |
| | 《国家海洋事业发展规划纲要》 | 发改地区［2008］618 号 |
| | 《我国东北地区老工业基地与俄罗斯远东地区合作规划》 | 发改厅［2008］1886 号 |
| | 《汶川地震灾后恢复重建城镇体系专项规划》 | 发改厅［2008］2775 号 |
| | 《汶川地震灾后恢复重建防灾减灾专项规划》 | 发改厅［2008］2952 号 |
| 2009 | 《珠江三角洲地区改革发展规划纲要（2008—2020 年）》 | 发改地区［2009］29 号 |
| | 《渤海环境保护总体规划》 | 发改地区［2009］214 号 |
| | 《西藏生态安全保护与建设规划（2008—2030 年）》 | 发改农经［2009］832 号 |
| | 《关中—天水经济区发展规划》 | 发改西部［2009］1500 号 |
| | 《横琴总体发展规划》 | 发改地区［2009］2299 号 |
| | 《辽宁沿海经济带发展规划》 | 发改地区［2009］2312 号 |
| | 《中国图们江区域合作开发规划纲要》 | 发改地区［2009］2554 号 |
| | 《促进中部地区崛起规划》 | 发改地区［2009］2966 号 |
| | 《黄河三角洲高效生态经济区发展规划》 | 发改地区［2009］3027 号 |
| | 《鄱阳湖生态经济区规划》 | 发改地区［2009］3349 号 |

续前表

| 年度 | 区域性战略规划名称 | 文号 |
|---|---|---|
| 2010 | 《中华人民共和国东北地区与俄罗斯联邦远东及东西伯利亚地区合作规划纲要（2009—2018 年）及任务分解方案》 | 发改东北［2010］11 号 |
| | 《甘肃省循环经济总体规划》 | 发改环资［2010］61 号 |
| | 《皖江城市带承接产业转移示范区规划》 | 发改地区［2010］97 号 |
| | 《青海省柴达木循环经济实验区规划》 | 发改环资［2010］986 号 |
| | 《长江三角洲地区区域规划》 | 发改地区［2010］1243 号 |
| | 《农产品冷链物流发展规划》 | 发改经贸［2010］1304 号 |
| | 《促进中部地区崛起规划实施意见》 | 发改地区［2010］1827 号 |
| | 《前海深港现代服务业合作区总体发展规划》 | 发改地区［2010］2415 号 |
| | 《大小兴安岭林区生态保护与经济转型规划》 | 发改东北［2010］2950 号 |
| | 《黄土高原地区综合治理规划大纲（2010—2030 年）》 | 发改农经［2010］3152 号 |
| 2011 | 《山东半岛蓝色经济区发展规划》 | 发改地区［2011］49 号 |
| | 《中关村国家自主创新示范区发展规划纲要（2011—2020 年）》 | 发改高技［2011］367 号 |
| | 《浙江海洋经济发展示范区规划》 | 发改地区［2011］50 号 |
| | 《海峡西岸经济区发展规划》 | 发改地区［2011］672 号 |
| | 《成渝经济区区域规划》 | 发改地区［2011］1124 号 |
| | 《东北地区物流业发展规划》 | 发改东北［2011］2590 号 |
| | 《河北沿海地区发展规划》 | 发改地区［2011］2592 号 |
| | 《平潭综合实验区总体发展规划》 | 发改地区［2011］2923 号 |
| 2012 | 《东北振兴“十二五”规划》 | 发改东北［2012］641 号 |
| | 《陕甘宁革命老区振兴规划》 | 发改西部［2012］781 号 |
| | 《中国东北地区面向东北亚区域开放规划纲要（2012—2020 年）》 | 发改东北［2012］2419 号 |
| | 《国家海洋事业发展“十二五”规划》 | 发改地区［2012］2914 号 |

续前表

| 年度 | 区域性战略规划名称 | 文号 |
| --- | --- | --- |
|  | 《宁夏内陆开放型经济试验区规划》 | 发改西部［2012］2970号 |
|  | 《呼包银榆经济区发展规划（2012—2020年）》 | 发改西部［2012］3177号 |
|  | 《国家空间信息基础设施建设与应用“十二五”规划》 | 发改地区［2012］3376号 |
|  | 《丹江口库区及上游地区经济社会发展规划》 | 发改地区［2012］3380号 |
|  | 《云南省加快建设面向西南开放重要桥头堡总体规划（2012—2020年）》 | 发改地区［2012］3422号 |
|  | 《天山北坡经济带发展规划》 | 发改西部［2012］3559号 |
|  | 《中原经济区规划（2012—2020年）》 | 发改地区［2012］3737号 |
|  | 《祁连山生态保护与建设综合治理规划发展规划（2012—2020年）》 | 发改农经［2012］4092号 |
| 2013 | 《浙江舟山群岛新区发展规划》 | 发改地区［2013］149号 |
|  | 《郑州航空港经济综合实验区发展规划（2013—2025年）》 | 发改地区［2013］481号 |
|  | 《苏南现代化建设示范区规划》 | 发改地区［2013］814号 |
|  | 《喀什经济开发区总体发展规划》 | 发改地区［2013］914号 |
|  | 《霍尔果斯经济开发区总体发展规划》 | 发改地区［2013］915号 |
|  | 《黑龙江和内蒙古东北部地区沿边开发开放规划》 | 发改地区［2013］1532号 |
|  | 《天津海洋经济科学发展示范区规划》 | 发改地区［2013］1715号 |
|  | 《千岛湖及新安江上游流域水资源与生态环境保护综合规划》 | 发改地区［2013］2679号 |
| 2014 | 《赣闽粤原中央苏区振兴发展规划》 | 发改地区［2014］480号 |
|  | 《晋陕豫黄河金三角区域合作规划》 | 发改地区［2014］742号 |
|  | 《洞庭湖生态经济区规划》 | 发改地区［2014］840号 |
|  | 《珠江—西江经济带发展规划》 | 发改地区［2014］1729号 |
|  | 《左右江革命老区振兴规划》 | 发改西部［2015］388号 |

# 第二节　规划目标

通常，国民经济和社会发展五年规划会对当期农业与农村的经济发展做出总体部署，随后，相应的地区发展规划也会设定未来五年农业和农村的发展任务和发展目标。

## 一、保障粮食安全

我国目前的粮食安全总体形势是总量平衡，区域结构性不平衡。由于粮食作物品种与地区相关，因此结构性不平衡也与区域有关。近年来，粮食主产区的地位进一步强化，13 个粮食主产区供给的粮食占全国粮食总产量的 75%左右。然而，很多粮食主产区正在向产销平衡区转化，产销平衡区则正在向粮食主销区转化。与此同时，粮食主产区与主销区之间的协调发展也事关国家整体粮食安全水平。因此，在地区发展中重视农业与农村发展，尤其是粮食生产，对我国粮食安全总体战略有着重要意义（尹成杰，2010）。

## 二、提高农产品供给能力

我国农产品生产区域专业化程度逐渐提高，我国幅员辽阔，农产品流通不可避免地要经过长途贩运，而且农产品生产的季节性也进一步促进了农产品跨地区的流通。农产品的主要生产区需要重视农业发展来满足本区乃至全国的农产品供给。而农产品销售区也需要疏通农产品流通渠道，保证农产品的有效供给。包括基础设施在内的地方发展规划是政府疏通农产品市场流通渠道的重要政策之一（Park et al.，2002）。

## 三、统筹城乡发展

20 世纪 80 年代中期以来，城乡收入差距呈现出扩大趋势。尽管 2010 年以来，这一差距有所缩小，但是绝对差距仍然很大。根据国家统计局公布的数据，2014 年我国城乡收入之比为 2.92：1。与此同时，由于公共基础设施建设和公共服务等长期偏向城市，因而农村水、电、路、气、房等基础条件仍然落后，农村教育、医疗、卫生、社会保障等仍然存在显著不足。近几年的干旱对农业生产造成了巨大威胁，很大程度上就是长期忽视农村基础建设的结果，甚至有研究称其为“制度性干旱”（蒋高明，2011）。近几年，部分地区开始在城乡统筹方面先行先试，成都和重庆还将城乡统筹上升为地区规划的总体战略，将城乡统筹与地区发展规划结合起来。要实现城乡统筹发展，就必须在地区发展规划中重视农业与农村发展问题。

## 四、承接农村劳动力转移

随着 20 世纪 80 年代以来农村劳动力的转移，东部地区出现了“用工荒”。2010 年以来，伴随着各地最低工资的提高和地区间产业转移，各产业劳动力成本上升了 30%左右。目前，劳动力输出地面临着农业劳动力数量缺乏、成本上升的挑战，劳动力输入地则遇到了各产业劳动力成本上升、劳动者素质亟待提高等问题。合理进行区域规划，促进农业和农村发展，有利于提高农村劳动力配置效率，应对劳动力相对缺乏的挑战，实现第二次人口红利。

# 第三节　主要内容

根据地区规划中涉农政策的特征，“十一五”规划以来的地区经济规划可以概括为以下三个阶段。

## 一、2006—2008 年

这一阶段的区域性规划主要以省区规划为主，具体表现为西部地区和东部优先开发区域并举。2006 年 5 月，继深圳经济特区、浦东新区之后，天津滨海新区成为东部率先发展的又一个新的增长极。由于该区域地处城市带，因此农村集体建设用地流转及土地收益分配成为改革实验的重点。2007 年 9 月，国务院发布了促进新疆经济社会发展的若干意见；2008 年 9 月和 11 月，国务院分别发布了促进宁夏和青海等省（区）经济社会发展的规划。这些规划都是针对西部地区的特殊情况制定的，既是大区域规划的一部分，又是根据省情、区情制定的分省区规划。例如，国务院发布的《关于进一步促进宁夏经济社会发展的若干意见》（国发〔2008〕29 号）中专门提出，“宁夏是我国少数民族自治区之一，也是革命老区和集中连片贫困地区”。因此，支持水利发展，促进农牧民脱贫致富成为宁夏地区规划的主要内容之一。在农业方面，特色农产品种养及加工、农村基础设施、农村金融制度改革都成为核心内容。作为生态较脆弱的地区，宁夏的生态防护也被提上日程。同时，东部率先发展的范围也进一步细化。2008 年 9 月，国务院《关于进一步推进长江三角洲地区改革开放和经济社会发展的指导意见》（国发〔2008〕30 号）发布，在地理范围上专门针对上海、江苏、浙江三个地区。由于这些省市经济发展水平较高，地方政府财力较强，

"三化"同步可能性较高，因而在地区规划中的关注重点集中在推动农业现代化，加快完善农业生产、经营、流通等服务体系，全面深化农村改革，稳步推进城乡统筹发展上，在产业方面，特色农业、都市农业和外向型农业成为重点。

## 二、2009—2012年

这一阶段为应对国际金融危机的影响、保持经济平稳较快增长，国家出台了4万亿元经济刺激计划，重点关注大区域发展，地方性规划密集出台，并在2011年6月的《全国主体功能区规划》中明确了国家优先开发区域，其中包括了长三角、珠三角、天津滨海、辽宁沿海经济带、江苏沿海地区、黄河三角洲、山东半岛等。《全国主体功能区规划》还明确了国家重点开发区域，包括武汉城市圈、长株潭城市群、海峡西岸经济区、图们江区域、皖江城市带、关中—天水地区、成渝地区、中原经济区等。之后，配合《全国主体功能区规划》，针对国家优先开发区域和国家重点开发区域的地方性规划纷纷出台。早在2008年年底，国务院就批复了《长株潭城市群资源节约型和环境友好型社会建设综合配套改革试验总体方案》和《珠江三角洲地区改革发展规划纲要（2008—2020年）》。其中，珠江三角洲作为中国最发达的地区之一，在农业发展方面，其规划提出在发展都市型现代农业产业体系的同时，加强农业国际合作，拓展外向型农业的广度和深度；在农村发展方面，其规划提出在加强农村基础设施建设的同时，促进城乡基本公共服务均等化，建立以城带乡、以工补农新机制。长株潭地区位于我国中部粮食主产区，因此其规划中的涉农部分就偏向于支持粮食生产和乡村发展。例如，其规划特别强调保护耕地，推动农业产业化，以及新农村建设等内容。2010年年底，农业部在《关于加快转变东北地区农业发展方式建设现代农业的指导意见》中提出东北地区应根据自身优势，开展以水利为重点的农业基础设施建设和以水、

电、路、气等为重点的村镇基础设施建设，围绕提高土地产出率、资源利用率和劳动生产率，加快东北地区现代农业发展。2011 年 1 月，国务院批复《山东半岛蓝色经济区发展规划》，提出山东半岛蓝色经济区要以发展海洋优势产业集群为重点，加快发展海洋第一产业，优化发展海洋第二产业，大力发展海洋第三产业，促进三次产业在更高水平上协同发展。2011 年 3 月，《海峡西岸经济区发展规划》指出，闽西北等农产品主产区要因地制宜地发展特色生态产业，积极发展现代种业、生态农业和设施农业，推动远洋渔业发展，推广生态养殖，提高农业可持续发展能力。

## 三、2013 年至今

这一阶段国家逐渐关注江河流域的区域发展，具体表现为黄金水道经济带和湖泊生态经济区相关发展规划密集出台。由于规划中的江河流域地段身处区域协调发展中的重要战略位置，因此，规划特别提出要统筹江河流域的经济社会发展和生态环境保护，保障江河流域的水安全和生态安全，着力发展地区优势农业。2014 年 3 月，《晋陕豫黄河金三角区域合作规划》出台，其中提出晋陕豫地区要共建优势农产品生产加工基地，实施区域化布局、规模化种植，加强农机跨区作业协调合作，实施沿黄流域供水水源地共建和饮用水安全共保工程，加强水源地水土保持及全流域面源污染联防联治。2014 年 5 月，国家发改委印发《洞庭湖生态经济区规划》，指出要建设洞庭湖生态经济区，统筹湖区经济社会发展和生态环境保护，保障长江流域的水安全和生态安全，发展湖区特色农业，建设高标准农田，提升湖区粮食主产区地位，加快现代农业发展，稳定粮食生产，不断提高农业综合生产能力，转变农业发展方式，推进农业经营体制创新，构建现代农业支撑体系。2014 年 7 月，《珠江—西江经济带发展规划》提出珠江—西江经济带连接我国东部发达地区与西部欠发达地区，在全国区域协调发展中具有重要的战略

地位，必须在稳定发展粮食生产的基础上，着力发展优势种植业、优质畜牧水产业、特色林果业，建设面向珠三角和港澳地区的优质农副产品供应基地，大力发展甘蔗、热带水果等产业，继续支持“南菜北运”基地建设，加大“东桑西移”实施力度。2014 年 9 月，国务院印发《关于依托黄金水道推动长江经济带发展的指导意见》，部署将长江经济带建设成为具有全球影响力的内河经济带、东中西互动合作的协调发展带，提出要保护和利用好长江流域宝贵的农业资源，推进农业优势产业带和特色产业带建设，着力打造现代农业发展先行区。

## 第四节　规划与发展

历史经验表明，无论是像西欧国家和北美国家这样的老牌工业强国，还是像东亚这样的新兴工业化经济体，在经济发展的过程中，在帮助企业克服不可避免的协调和外部性问题时，都需要政府进行规划和引导，以消除市场失灵。

林毅夫（2014）提出，经济发展是一个动态的结构变迁过程，需要依靠“有效的市场”来形成竞争机制，也需要“有为的政府”来解决结构变迁过程中必然出现的外部性问题和软硬设施的协调问题，一个国家只有同时用好市场和政府这两只手才能实现快速、包容、可持续的增长。一般而言，对于发展中国家的经济增长来说，实物基础设施是一个紧约束，而在提供必要的基础设施促进经济发展方面，政府的作用必不可少。但政府不应该是一个命令型政府，而应该是一个能帮助企业利用比较优势的“因势利导型政府”，即政府应通过规划来吸引投资，共同解决实物基础设施这个紧约束。考虑到财政资源和实施能力受限，政府需要设立优先级，决定应优先改善哪些基础设施，这时候政府的规划又在某种程度上引导投

资，让资金投入最为重要的基础设施建设中，发挥资金的最大效用。

作为社会的先行资本，基础设施是社会生产部门建立和发展的基本条件，是经济增长的发动机，在经济发展过程中占有决定性的重要地位，其发展水平影响生产部门的生产成本和效率，影响其供给的数量和质量。作为国民经济的组成部分，基础设施的大规模建设首先能够促进基础设施内部各个部门生产能力的提升、服务水平的提高，其本身所增加的产出能够直接使得国民财富增加，促进经济增长。基础设施的这种直接推动作用会随着经济的发展而变得越来越大。罗森斯坦—罗丹（1996）认为基础设施投资通常在社会总投资中占30％～35％。这种大规模的社会先行资本投资所带来的规模经济效益不仅可以使企业降低成本，提高获利能力，而且可以使其他企业乃至整个社会都分享外部经济利益，从而提高整个社会的获利能力。再者，加速基础设施建设可以为社会生产生活提供更加良好的服务，保障经济发展，提高居民生活便利程度，间接推动经济增长。

与基础设施对经济增长的影响相似，加快基础设施建设也会对农业生产产生巨大的影响，尤其是加快农村基础设施建设既可以直接促进农业生产，又能通过改善农民的生活质量，改善农村地区的投资环境，消除过剩生产能力，使农村产业结构得到合理调整，从而间接促进农业生产。

（1）基础设施建设首先对农业生产效率有着直接的影响。改善运输、灌溉、电力、供水等基础设施，不仅可以让农业生产及时获取必需的能源如水电，而且可以拉动农业生产资料的投入，从而进一步提升农业生产效率，例如，农村公路的通畅可便于运输大型机械设备，而大面积普及农业机械化操作将大大提高农业生产效率。

（2）基础设施的完善也有利于降低农户的生产成本，增强农户抵抗自然风险和经济风险的能力，从而激发农户的生产积极性，提

高农业产出。根据樊胜根、张林秀（2003）的研究，以1997年为例，我国政府每增加1度电投入，全国平均可增加农业产值0.36元；每增加1公里道路，可增加农业产值40 665元；每增加1门电话，可增加农业产值853元。邓淑莲（2003）通过对58个国家的基础设施与农业关系的研究发现，基础设施建设与农业产值的增长正相关：当水利灌溉设施增长1%时，粮食总产量增长1.62%；当公路里程增长1%时，粮食总产量增长0.26%；当农村的公路密度提高1%时，粮食总产量将增长0.12%。

（3）加大基础设施建设能够提高农产品的商品化率。良好的交通运输设施和交通网络布局能使农产品及时运送到市场中销售，实现市场价值，提高资金回收利用率，提高农业再生产能力；良好的通信设施可以使农民更方便、及时地获取市场信息，有效提高农业和农村经济的商品化和市场化程度，从而促进农业生产的发展。

（4）加大基础设施建设不仅可以极大地改善农村居民的生活条件，提高农民的生产效率，而且可以改变农村落后的面貌，加强农村地区环境保护建设，提高土地的生产率。基础设施建设关系到农村居民的身心健康、知识水平以及文化道德素养。文明乡风的形成、对新型农民的培养以及新型农民合作组织的建立都离不开教育设施、医疗保障设施、文化娱乐设施等的建设。科技是第一生产力，提高农村居民的健康程度和知识水平将有助于提高农村居民的农业科技水平，从而提高农业生产能力。再者，农业生态环境的严重破坏必将严重影响我国农业生产的可持续发展，这就需要通过改善农村地区基础设施建设，综合利用农业废弃物资源，科学施用农药和化肥，加大无害化处理污染物的力度，做好农村污水、垃圾治理，加强农村环境卫生建设，促进农业生产的可持续发展。

# 第五节　规划效果的描述性统计

## 一、扎实推进农业基础设施建设

在国家对农业的大力投入下，粮食生产的基础设施建设进行得较快。图 4—1 给出了 2006—2012 年我国土地整治的支出情况。2006 年土地整治支出达到 152 亿元，2007 年后上涨幅度较大，到 2012 年土地整治支出达到 364 亿元，比 2006 年增长了 139%。土地整治中成果最显著的项目就是新增和改善灌溉面积，如图 4—2 所示，2006 年全国新增和改善灌溉面积为 2 181.67 万亩，2011 年达到2 465.37 万亩，2012 年达到 2 689.12 万亩。改善除涝面积从 2006 年的 811.08 万亩增加到 2012 年的 961.52 万亩，增幅为 18.5%。

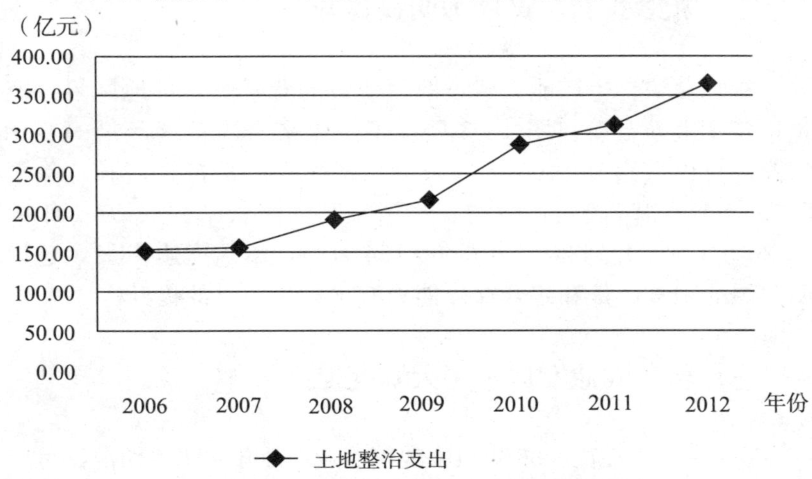


**图 4—1　2006 年以来我国土地整治支出情况**

资料来源：国研网数据中心。

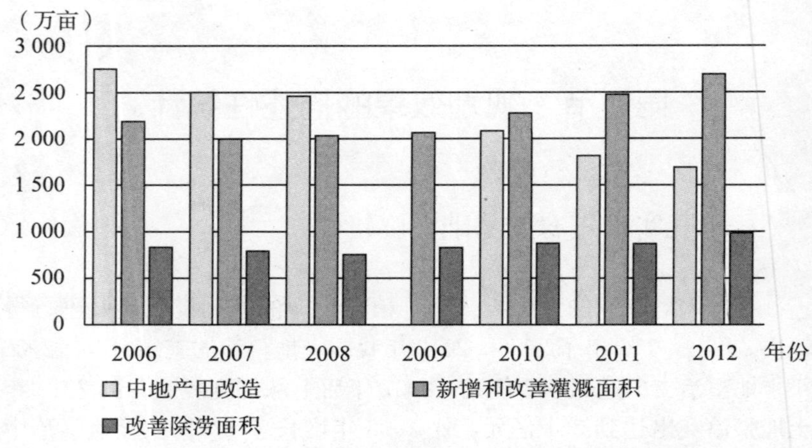


**图 4—2　2006 年以来我国土地整治项目完成情况**

资料来源：国研网数据中心。

## 二、粮食综合生产能力明显提升

在粮食综合生产能力建设取得成效的背景下，各地区粮食产量连年跃上新台阶。图 4—3 展示了近年来全国粮食产量的变化情况。可以看到自 2001 年以来，我国粮食产量持续增长，除了 2003 年有小幅下降之外，均保持了较高的增长率。从 2001 年的 45 264 万吨上升到 2013 年的 60 194 万吨，增幅高达 33%，这说明我国的粮食产量和综合保障能力有了较为明显的提升。

## 三、现代农业发展水平大幅度提高

表 4—2 展示了 2006 年以来我国农业产业化水平的情况。可以看到，近年来我国经济作物的种植面积逐年增加，尤其是 2011 年和 2012 年呈现出加速趋势，面积约 70 万亩；禽畜养殖数量增加得

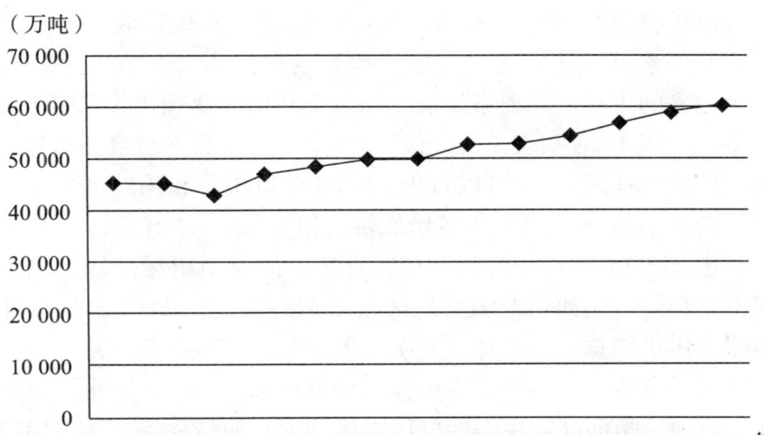


**图 4—3　全国粮食产量的变动情况**

资料来源：各年度统计年鉴。

更快，2012 年产业化养殖数量达 69 939 亿只；农业生产服务项目也由 2006 年的 55 个增加到 2012 年的 224 个。

**表 4—2　　2006 年以来我国农业产业化水平**

| | 经济林、蔬菜、药材等种植面积（万亩） | 水产养殖面积（万亩） | 畜禽养殖（亿只） | 新建及改扩建加工项目（个） | 农业生产服务项目（个） |
|---|---|---|---|---|---|
| 2006 | 25.9 | 11.88 | 13 028.77 | 633 | 55 |
| 2007 | 37.17 | 13.28 | 21 351.70 | 764 | 64 |
| 2008 | 59.45 | 7.28 | 17 363.46 | 841 | 92 |
| 2009 | 59.48 | 6.23 | 45 337.31 | 827 | 112 |
| 2010 | 53.68 | 5.11 | 34 808.85 | 814 | 154 |
| 2011 | 67.24 | 7.82 | 56 092.75 | 660 | 175 |
| 2012 | 70.32 | 7.78 | 69 939.55 | 552 | 224 |

资料来源：国研网数据中心。

舒尔茨提出改造传统农业的关键是引进新的现代农业生产要素，这些要素可以使农业成为经济增长的源泉。2006 年以来，以机械为代表的现代生产要素发展迅速，为我国农业现代化奠定了坚实的基础。图 4—4 和表 4—3 展示了各地规划发布之后农业机械化发展的情况。从图 4—4 可以看出，2006 年以来，我国新增机耕面积呈逐渐减小趋势，2006 年新增机耕面积为 551.34 万亩，而 2012 年仅新增 317.89 万亩。各省、市、自治区的农用机械总动力增加情况不尽相同。例如，新疆在地区规划通过之后的 2008—2010 年三年间农用机械总动力增加了 667.9 万千瓦，广东在珠三角地区的发展规划通过后的两年间农用机械总动力增加了 251.4 万千瓦，山东在《黄河三角洲高效生态经济区发展规划》通过后仅一年农用机械总动力就增加了 548.3 万千瓦（见表 4—3）。从全国范围来看，农用机械总动力由 2006 年的 72 522 万千瓦增加到了 2013 年的 103 907万千瓦，增长幅度为 43.28%（见图 4—5）。

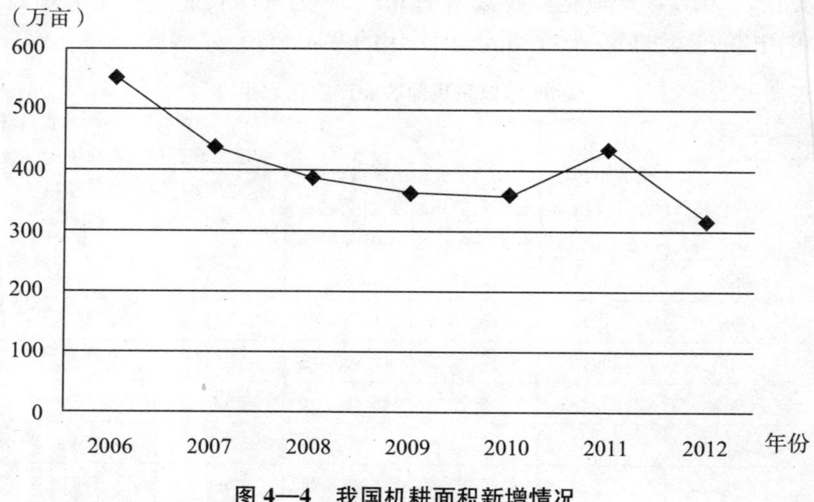


**图 4—4　我国机耕面积新增情况**

资料来源：国研网数据中心。

**表 4—3　　2008—2010 年规划进入操作阶段的各地区农用机械总动力增加情况**

（单位：万千瓦）

| | 地区 | 农机总动力 |
|---|---|---|
| 2008 年 | 新疆 | 667.9 |
| 2009 年 | 上海 | 8.8 |
| | 江苏 | 306.4 |
| | 浙江 | 84.0 |
| | 福建 | 93.7 |
| | 广东 | 251.4 |
| | 广西 | 394.1 |
| | 重庆 | 167.9 |
| | 四川 | 467.6 |
| | 陕西 | 290.1 |
| | 青海 | 65.6 |
| | 宁夏 | 71.2 |
| 2010 年 | 辽宁 | 105.8 |
| | 吉林 | 143.9 |
| | 黑龙江 | 335 |
| | 山东 | 548.3 |
| | 海南 | 29.1 |
| | 西藏 | 19.7 |
| | 甘肃 | 154.9 |
| | 青海 | 32.6 |

注：规划进入实际操作的认定方法为：如果规划于上半年发布，则将规划发布的当年认定为规划进入实际操作的阶段；如果规划于下半年发布，则将规划发布的下一年认定为规划进入实际操作的阶段。2010 年以后，全国所有省、市、自治区的规划都进入实际操作阶段。

资料来源：各年度统计年鉴。

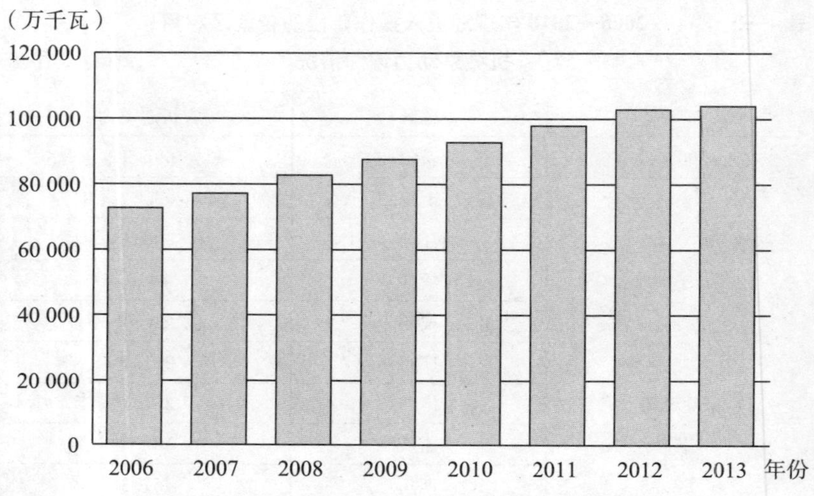


**图 4—5　2006—2013 年全国农用机械总动力变化情况**

资料来源：各年度统计年鉴。

## 四、农产品流通体系初步成型

在地区规划的带动下，高效农产品流通体系初步建立。近年来，各地区形成了一批专业性农产品流通中心，例如郑州的粮油市场、杭州的肉禽蛋市场、武汉的水产品市场、寿光的蔬菜市场、广州的干鲜果品市场，这些农产品流通中心提高了农产品流通市场体系的效率。表 4—4 展示了 2008 年以来农产品交易市场建设的情况。从市场数量上看，长三角地区的市场数量在规划通过之后逐步增加，由 2008 年的 215 个增加到 2013 年的 265 个，6 年间增加了 50 个，中部地区的市场数量则是有增有减，由 2008 年的 147 个增加到 2012 年的 176 个，在 2013 年回落到 168 个，珠三角地区的市场数量则长期在 70～82 个之间波动。从年末出租摊位数上看，中部地区一定程度上实现了其规划中提到的建设物流节点的目标，由

2008 年的 5.7 万个增长到 2013 年的 7.8 万个。从农产品成交额上看，东北地区在其地区规划发布之后增长速度最快，2013 年的成交额达 744.5 亿元，比地区规划出台之前的 2008 年增长了 66.9%；长三角地区 2013 年的成交额达 3 758.3 亿元，比地区规划出台之前的 2008 年增长了 81.1%；珠三角地区 2013 年的成交额达 1 161.8 亿元，比地区规划出台之前的 2008 年增长了 13.1%。成交额的这种增长速度除了跟地区发展有关之外，还与农产品价格上涨关系密切。

**表 4—4　　2008 年以来农产品交易市场建设情况**

| | 地区 | 市场数量（个） | 总摊位数（万个） | 年末出租摊位数（万个） | 营业面积（万平方米） | 成交额（亿元） |
|---|---|---|---|---|---|---|
| 2008 | 中部地区 | 147 | 6.1 | 5.7 | 365.7 | 895.8 |
| | 长三角地区 | 215 | 9.4 | 8.6 | 461.3 | 2 074.8 |
| | 珠三角地区 | 72 | 3.1 | 2.6 | 299.8 | 1 027.2 |
| | 东北地区 | 68 | 3.5 | 3.1 | 379.0 | 446.1 |
| 2009 | 中部地区 | 148 | 7.1 | 6.5 | 427.5 | 1 112.8 |
| | 长三角地区 | 223 | 10.0 | 8.9 | 564.3 | 2 279.9 |
| | 珠三角地区 | 70 | 2.9 | 2.5 | 189.1 | 949.6 |
| | 东北地区 | 70 | 3.2 | 2.8 | 243.7 | 519.1 |
| 2010 | 中部地区 | 166 | 8.0 | 6.8 | 559.7 | 1 350.9 |
| | 长三角地区 | 230 | 9.6 | 8.5 | 541.6 | 2 601.1 |
| | 珠三角地区 | 79 | 3.2 | 2.8 | 251.6 | 1 181.7 |
| | 东北地区 | 70 | 3.0 | 2.7 | 234.1 | 684.1 |
| 2011 | 中部地区 | 170 | 7.8 | 6.9 | 503.1 | 1 498.2 |
| | 长三角地区 | 236 | 10.8 | 9.8 | 599.3 | 3 052.1 |
| | 珠三角地区 | 78 | 3.2 | 2.7 | 281.8 | 1 376.8 |
| | 东北地区 | 77 | 3.3 | 2.9 | 275.7 | 882.1 |

续前表

| | 地区 | 市场数量（个） | 总摊位数（万个） | 年末出租摊位数（万个） | 营业面积（万平方米） | 成交额（亿元） |
|---|---|---|---|---|---|---|
| 2012 | 中部地区 | 176 | 9.0 | 8.1 | 558.5 | 2 050.7 |
| | 长三角地区 | 252 | 13.0 | 11.6 | 655.7 | 3 398.6 |
| | 珠三角地区 | 82 | 3.0 | 2.6 | 221.8 | 1 174.4 |
| | 东北地区 | 77 | 3.0 | 2.7 | 249.6 | 841.6 |
| 2013 | 中部地区 | 168 | 8.7 | 7.8 | 594.3 | 2 286.2 |
| | 长三角地区 | 265 | 13.8 | 12.4 | 700.8 | 3 758.3 |
| | 珠三角地区 | 72 | 2.9 | 2.6 | 206.3 | 1 161.8 |
| | 东北地区 | 70 | 2.5 | 2.3 | 252.7 | 744.5 |

资料来源：国研网数据中心。

## 五、城乡收入差距有所缩小

城乡统筹发展速度加快。在地区规划的带动下，各地农村电网改造、道路建设、能源网络以及住房改造等都取得了相当不错的成绩，农村教育、医疗、卫生、社会保障、文化以及社会管理都开始了城乡一体化的步伐。

如果从城乡差距上分析，那么地区规划带动了城乡统筹发展，城乡差距在一定程度上有所缩小。表 4—5 以促进中部地区崛起规划通过后的中部六省发展情况为例，从城乡收入差距的角度分析了地区规划对统筹城乡的作用。从图 4—6 可以看到，在中部六省中，2010—2013 年，安徽省城乡收入差距由 2.99∶1 缩小到 2.85∶1，缩小了 4.9%；山西省城乡收入差距由 3.30∶1 缩小到 3.14∶1，缩小了 5.1%；河南省城乡收入差距由 2.88∶1 缩小到 2.64∶1，缩小了 9.1%；湖南省城乡收入差距由 2.95∶1 缩小到 2.80∶1，缩小了 5.4%；湖北省城乡收入差距由 2.75∶1 缩小到 2.58∶1，缩

小了 6.6%；江西省城乡收入差距由 2.67：1 缩小到 2.49：1，缩小了 7.2%。

**表 4—5　　2010—2013 年中部六省城乡收入差距变化情况**　（单位：元）

| | 2013 年 | | 2012 年 | | 2011 年 | | 2010 年 | |
|---|---|---|---|---|---|---|---|---|
| | 城镇居民收入 | 农村居民收入 | 城镇居民收入 | 农村居民收入 | 城镇居民收入 | 农村居民收入 | 城镇居民收入 | 农村居民收入 |
| 山西 | 22 456 | 7 154 | 20 412 | 6 357 | 18 124 | 5 601 | 15 648 | 4 736 |
| 河南 | 22 398 | 8 475 | 20 443 | 7 525 | 18 195 | 6 604 | 15 930 | 5 524 |
| 安徽 | 23 114 | 8 098 | 21 024 | 7 161 | 18 606 | 6 232 | 15 788 | 5 285 |
| 湖南 | 23 414 | 8 372 | 21 319 | 7 440 | 18 844 | 6 567 | 16 566 | 5 622 |
| 湖北 | 22 906 | 8 867 | 20 840 | 7 852 | 18 374 | 6 898 | 16 058 | 5 832 |
| 江西 | 21 873 | 8 782 | 19 860 | 7 829 | 17 495 | 6 892 | 15 481 | 5 789 |

资料来源：各年度统计年鉴。

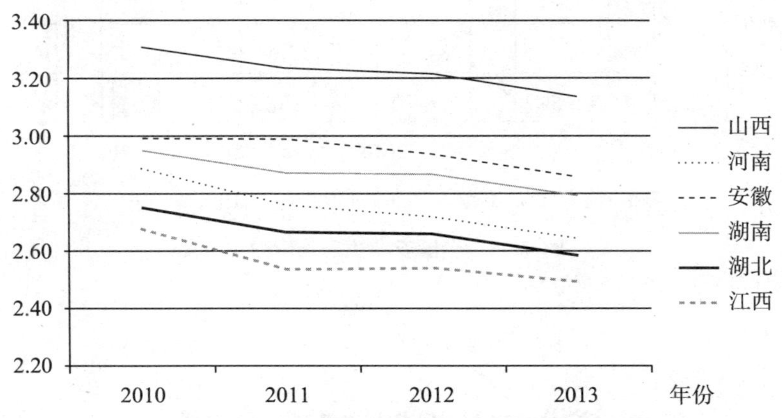


**图 4—6　2010—2013 年中部六省城乡收入差距变化情况**

资料来源：各年度统计年鉴。

## 六、资源环境问题日益得到重视

从项目完成的结构上看，尽管中低产田改造仍然是土地整治的主要项目，但是生态综合治理开始变得越来越重要。如图 4—7 所示，2008 年、2009 年和 2010 年全国小流域综合治理面积分别为 105.35 万亩、104.79 万亩和 101.44 万亩，此后呈逐年增加态势，2012 年全国小流域综合治理面积为 177.72 万亩，比 2008 年增长了 68.7%。2008—2012 年，全国林网防护面积共增加4 552.15万亩。

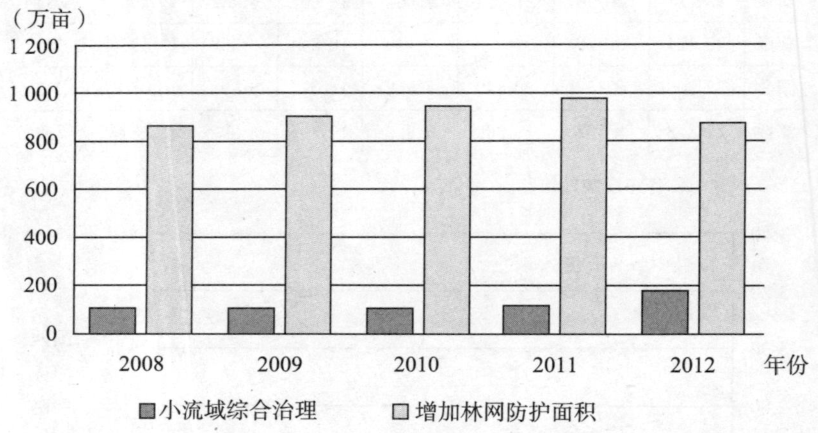


**图 4—7　全国农业生态治理效益**

资料来源：国研网数据中心。

## 第六节　规划的案例分析

本节我们选取河南、浙江、贵州、陕西四省作为研究对象，

通过分析省级政府是如何根据国家级规划制定自身城镇化规划的，以及省级城镇化规划中关于农业现代化和新农村建设的规划特点、存在问题，分析省级政府在城镇化进程中的引导作用。我们主要参考了上述四省的新型城镇化规划以及“十二五”规划内容。

河南作为农业大省之一，农业增加值一直占到全国的8%左右，粮食总产量接近全国总产量的10%，国务院出台《关于支持河南省加快建设中原经济区的指导意见》后，对河南农业提出了更高的要求，河南农业也迎来新一轮的良好发展机遇，其可以作为研究中原经济区城镇化中农业、农村发展的典型代表。贵州省属于西南地区，是著名的矿产资源大省，受土地资源少，地形以山地丘陵为主、平坝地较少的影响，其农业发展相对落后，可以作为研究这类地区农业发展情况的典型。浙江省是中国高产综合性农业区，位于东南沿海长江三角洲区域，是中国经济最活跃的省份之一，在充分发挥国有经济主导作用的前提下，以民营经济的发展带动经济的起飞，形成了具有鲜明特色的“浙江经济”，其农业也在活跃的工商业推动下快速发展，独具特色。陕西属于我国西北地区，现代农业构成主要以杨凌为核心，以关中为重点区域，向陕南陕北辐射。杨凌作为国家级农业高新技术产业示范区，肩负带领陕西全省现代农业创新探索的重任；关中地区有着四千多年的农耕史，温润的气候、肥沃的土地使其成为我国西部地区的重要粮食生产基地，对其农业发展的研究将有利于我们探索西北地区农业现代化及新农村建设的道路。

第一，各省规划不仅对农业发展的“量”提出了明确要求，而且更加注重提升农业的“质”，表现在以下几个方面：（1）在粮食增产增收、耕地保护、主要农产品供给方面，四省均制定了明确的粮食产量、耕地保有量相关指标要求（见表4—6），且四省的规划中都有落实“菜篮子”市长负责制，抓好油料、棉花等农产品生产

等内容。(2) 不仅强调农业产业化发展，而且着力对农业结构进行调整，发展适合省情的特色农业、优势农业。例如，河南这一传统粮食主产省就提出在稳定提高粮食生产能力的前提下，增加大宗经济作物、蔬菜、茶叶、食用菌等特色农产品的产量及提高其在农产品中的比例，种植业结构向果蔬花卉园艺调整，大农业结构向畜牧业调整。建设茶叶、食用菌、中药材、优质果品等特色农产品种植和养殖基地。各类特色经济作物向优势区集中、向适宜区发展，规模化生产、区域化布局的水平继续提高。其他三省也在农业产业化部分制定了类似的产业结构转型规划。(3) 农产品质量问题得到重视。河南省规定，优质粮比重达到75%以上，小麦、玉米、水稻优良品种覆盖率稳定在95%以上。农产品质量安全检测体系逐步完善，建成18个省辖市和122个县（市、区）的农产品质检中心，初步形成“三级四层”（省、市、县、基地四层）的农产品质量安全检测体系。陕西省强调，调整结构，优化布局，大力发展农产品加工业和流通业，壮大农业产业化龙头企业，提高规模化、标准化、集约化水平，农产品加工转化率达到70%。果业以苹果为重点，围绕提质增效，提升四项关键技术，加快品种更新换代，推进果畜结合，打造知名品牌，培育多元化深加工的生产体系，建成具有较大影响力和竞争力的国际化大产业。扩大猕猴桃、柑橘等名优水果种植面积，推进核桃、红枣等五大干杂果基地建设，加快规模化、产业化发展。

第二，在现代农业的发展思路上，四省基本统一理念，即“走农业产业化道路，跳出农业来发展农业”，但在发展重心、方式上，四省各有侧重。四省发展理念的一致性表现在以下几个方面：(1) 上述四省均注重农产品加工的发展，强调用工业的发展方式来反哺发展农业。各省均大力发展农产品加工产业，其中河南省农产品加工业增加值已占工业增加值的1/4，成为河南全省第一大支柱产业。各省还注重龙头企业的带动作用，扶持农业产业化龙头企业发展。河南省非常注重对龙头企业的扶持，截至2011年年底，河

南全省省级以上重点龙头企业全年新评定 335 家，总量达到 622 家。政府鼓励农业产业化龙头企业与农民专业合作组织建立稳定的合作关系，并加大投入支持产业化龙头企业进行技术改造和发展订单生产。各级农业部门都把招商引资作为一件大事来抓，建立农业招商引资项目库，积极整合项目，为企业、基地寻找投资合作伙伴牵线搭桥。（2）上述四省农业现代化的重点均在于推动农业产业化。农业现代化的本质特征是规模化、集约化、产业化和标准化。各省积极探索规模经营的途径，提高农业组织化、规模化程度。由表 4—6 可以看出，各省农业现代化的目标基本类似，就是推进农业产业化、规模化，同时加快调整农业结构，发展特色产业、优势产业，四省均制定了不同农业产业占农业总产值比重、龙头企业数量、农业产业园数量、产业集群数量等指标以评估农业产业化发展水平。

第三，在发展重心、方式上，由于省情不同，各省各有侧重，体现出因地制宜的特点。以农业产业化为例，由表 4—6 可以看出以下几点：（1）在发展重点方面，河南省侧重加快生态畜牧业的发展以及提高粮食生产能力，目标是建设粮食大省及生态畜牧业大省。而贵州省受地形、土地资源影响，粮食生产能力受限，因此贵州省着力发展十大特色农业、精品农业。陕西省则更加突出猕猴桃、柑橘、核桃、红枣等生产基地的建设，着重打造自身的农业品牌。（2）农业产业化的方式不一。例如，河南省实施现代农业产业化集群培育工程，按照“基地支持、龙头带动、流通服务、特色高效”的原则，综合考虑带动农户数量、生产规模、经济效益等因素，突出基地化、标准化、规模化、信息化，选择一批上下链接、合作紧密、以就地加工为主的农产品产区，集中力量培育优质农产品产业化龙头企业、农民专业合作社和农产品品牌，打造“全链条、全循环、高质量、高效益”的现代农业产业化集群，带动农业结构调整，促进农业增效、农民增收。而贵州省则侧重以发展壮大产业化龙头企业和培育农民专业合作组织为重点，大力推进农业产

业化经营，促进传统农业向现代农业转变，并要求“到2015年，省级以上重点龙头企业达到400家，产业化龙头企业和农民专业合作组织覆盖农户52%以上”。

第四，在引导城镇化中的农业、农村发展时，各省政府规划中引入更多的市场机制，注重政府职能的转型，表现在以下几个方面：（1）各省均强调创新经营主体，积极引导合作社、龙头企业的发展。首先，大力发展农民专业合作组织。河南省注重发展农民专业合作组织，对服务能力强、民主管理好的合作社给予补助，鼓励和支持合作社向加工、流通等领域发展，鼓励合作社创办龙头企业。农民组织化程度不断提高，河南全省在工商部门注册的各类农民专业合作组织达到3万多家，覆盖了农、林、牧、渔等各个领域，入社农户175万户，辐射带动农户257万户。2011年农民专业合作社净增7 868家，达到3.4万家。其次，支持组建各类农产品行业协会，提高农民进入市场的组织化程度。最后，积极推进农村土地承包经营权流转，支持种养大户参与土地流转，扩大农业种植规模，发展多种形式的适度规模经营。（2）政府规划中对民生工程建设的要求增加，对增强农村社会化服务予以更多的重视。例如，四省均强调加大乡村基础设施建设力度，快速推进农村水、电、路、沼气等基础设施建设，努力改善农民生活条件，并制定明确的量化指标（见表4—6）。同时进一步完善农村教育、医疗、卫生等公共服务，制定明确的任务目标。而且各省规划中均明确提出加强农村社会化服务建设，如贵州省的规划中明确要求“提升农业科技自主创新、成果转化和推广水平，健全公益性农业技术推广体系，提高科技对农业增长的贡献率”。

表 4—6　全国、河南、贵州、浙江、陕西“十二五”规划指标

| 全国 | 河南省 | 贵州省 | 浙江省 | 陕西省 |
|---|---|---|---|---|
| 耕地保有量 18.18 亿亩。 | 耕地保有量 791.47 万公顷，确保全省粮食播种面积稳定在 1.45 亿亩以上。 | 耕地保有量 439.8 万公顷，到 2015 年农村人口人均基本口粮田达到 0.5 亩。 | 耕地保有量保持在 2 863.5万亩。 | 耕地保有量为 5 600 万亩，粮食生产面积稳定在5 000万亩左右。 |
| 粮食综合生产能力达到 5.4 亿吨以上。 | 力争粮食综合生产能力到“十二五”末达到 600 亿公斤。 | “十二五”期间，年均粮食产量稳定在 1 150 万吨以上。 | 大力推进粮食生产功能区建设，力争建成 500 万亩粮食生产功能区。 | 粮食总产达到 130 亿公斤以上。实施新增 25 亿公斤粮食产能工程，重点扶持 32 个粮食主产县，建设关中优质商品粮基地、陕南优质水稻基地，挖掘陕北粮食生产潜力，建设陕西第二粮仓。 |
| 实施农村土地整理复垦重点建设项目，补充耕地 2 000 万亩。 | 实施土地整理 1 000 万亩；设立耕地复垦开发资金，创新易地补耕模式，拓展土地来源。 | 加强农田水利设施建设，加大中低产田土地改造力度，大力实施沃土工程，严格保护耕地，加快农村土地整理复垦，推进稳产高产基本农田建设，着力提高耕地基础地力和产出能力。 | 严格保护耕地，加快农村土地整理复垦，大规模建设旱涝保收高标准农田。 | 加强农田水利设施建设，实施土地整理复垦、中低产田改造、基本口粮田工程，建设高标准农田。 |

续前表

| 全国 | 河南省 | 贵州省 | 浙江省 | 陕西省 |
| --- | --- | --- | --- | --- |
| 耕种收综合机械化水平达到70%左右。 | 加快推进农业机械化，促进农机农艺融合，农业机械化综合作业率达到75%，秋粮机械化收获水平达到50%。 | 加强对新型农机具的研究、引进和推广。加强农业配套技术的集成创新与应用。 | 加快农业机械化，促进农机农艺融合。大力发展设施农业，积极推进农业标准化。减少和控制农药、化肥的使用，发展无公害农产品、绿色食品和有机食品，确保农产品质量安全。 | 充分发挥杨凌示范区的辐射带动作用，加快农业科技创新及其推广应用，促进农业技术集成化、劳动过程机械化、生产经营信息化，在生物育种、新型栽培、疫病防控、质量安全、灾害监测预警等方面取得突破。 |
| 全面解决约3亿农村居民安全饮水问题。 | 农村安全饮水工程：解决2 999.7万农村居民和630.3万农村中小学在校师生的饮水安全问题，力争将自来水普及率提高到80%左右。 | 保障城乡饮水安全。大力实施农村饮水安全工程，“十二五”期间，农村人口饮水安全问题得到全面解决，县城、乡镇和人口相对集中的居民点的生活用水得到有效保障，生活用水供水保障率达到95%以上。解决1 299.8万农村人口的饮水安全，其中，农村学校师生为200.33万人，全面解决农村饮水安全问题。 | | 全面解决农村人口饮水安全问题，支持重点村镇实现集中供水和配套排水。加强农村饮水安全基础设施建设，解决1 000万人的安全饮水问题，实现农村安全饮水全面达标。 |

续前表

| 全国 | 河南省 | 贵州省 | 浙江省 | 陕西省 |
|---|---|---|---|---|
| 建成 1 000 个太阳能示范村和 200 个绿色能源县，建设 300 个水电新农村电气化县和新增小水电装机容量 1 000 万千瓦。 | 积极发展太阳能、小水电、生物质能等可再生能源。2012 年完成新一轮农村电网改造升级，实施农田机井通电工程。 | 认真实施水、电、路、气、房、优美环境“六到农家”工程。 | 加强农村电网建设，不断完善厂网协调、各电压等级匹配、运行灵活的智能高效可靠电网。 | 大力推进农村电网改造升级，低压改造覆盖率达到 100%，提高生活用电水平，满足生产用电需要。继续推进新农村电气化县建设，力争实现县县电气化。积极推进电力改革，理顺管理体制，合理有序竞争，提高服务水平。 |
| 建设户用沼气、小型沼气工程、大中型沼气工程和沼气服务体系，使 50% 以上的适宜农户用上沼气。 | 农村沼气建设工程：在适宜地区新发展农村户用沼气 100 万户，建设大中型沼气示范工程 1 000 处，建设养殖小区沼气工程示范点1 000处。 | 新建农村户用沼气池 75 万户。 | 加快农村沼气建设，促进生态循环农业发展。 | 积极发展农村沼气和太阳能利用，加强技术创新和配套服务。新建户用沼气 60 万口、小型沼气 9 000 处、大中型沼气 300 处，实现农村沼气服务体系全覆盖。 |
| 完成农村困难家庭危房改造。 | 农村危房改造工程：完成 37 万户危房改造任务及国有林场职工危房改造 5 866 户。 | 扎实推进农村危房改造和城镇保障性安居工程建设。坚持从最困难的农户和最危险的农房改起，大力实施整县推进，重点扶持农村低收入危房户特别是优抚对象、农村低保户和残疾人危房户的危房改造和建设，2014 年前完成剩余的 130 万户农村危房改造。 | 加大农村住房改造建设力度，不断改善广大农民的住房条件，提高农村政策性住房保险水平。 | 实施农村和国有垦区、林区职工危房改造工程，加快解决分散供养五保户、低保户和困难群众的住房问题。 |

续前表

| 全国 | 河南省 | 贵州省 | 浙江省 | 陕西省 |
| --- | --- | --- | --- | --- |
| 新建和改造农村公路 100 万公里，实现所有具备条件的东中部地区行政村、西部地区 80%以上的行政村通沥青路。 | 农村公路建设工程：提高农村公路的建设标准，加快建设县乡路及配套大中桥，进一步完善通村公路网，实现“乡乡联、县县畅”。 | 农村公路通达通畅工程：加快推进农村公路建设，到 2012 年实现乡乡通油路（水泥路）、村村通公路；大力推进通村油路（水泥路）建设，建设通村油路（水泥路）40 000 公里以上；继续实施危桥改造、安保、农村客运站、渡口改造等工程。 | 积极推进城乡公交一体化，推进连线成片村庄整治建设。 | 实施通村油路、农村公路网络化建设，推进旅游路、产业路和园区路建设，农村公路到达 14 万公里，90%以上建制村通油路、通班车。新建改建农村公路 3.5 万公里，实现乡村通达率和乡镇通畅率达到 100%。 |

# 第七节 政策执行过程中的问题

## 一、区域规划中农业农村发展缺乏“自下而上”的动力

区域规划主要是政府在“自上而下”（top-down）地推动农业与农村发展，这种模式要取得成功，必须有相应的制度保障（Banerjee et al.，2008）。在区域发展项目的规划、实施、监测和评估的各个阶段保证农民和其他社会力量的参与，形成“自下而上”（bottom-up）的公共行动，在短期内可以成为对国家行动的有效补充，在长期内可以保障新农村建设的持续性（彭超、龙文军，2013；龙文军、彭超，2013）。目前，我国的区域规划主要靠政府“自上而下”地推动，尤其在涉农项目中缺乏“自下而上”的动力，发展的持续性不足。表4—7以全国土地整治资金来源为例，展示了全国规划中农业支持政策的动力来源。可以看到，土地整治资金的主要来源是财政资金，社会自筹资金占比不高于25%，且呈逐年下降趋势。2012年，全国土地整治资金中，自筹资金占比仅为9.2%。再深入一步分析可以发现，土地整治过程中基本没有银行贷款资金。农业项目见效期长，风险大，很难发动金融系统的力量对其进行支持。因此，在没有社会力量广泛参与的情况下，全国范围内对农业和农村发展的支持就缺乏可持续性的动力。

**表4—7　全国土地整治资金来源**

| 年份 | 土地整治总计（亿元） | 财政资金占比 | 自筹资金占比 |
|---|---|---|---|
| 2008 | 187.67 | 75.3% | 24.7% |
| 2009 | 216.27 | 78.4% | 21.6% |

续前表

| 年份 | 土地整治总计（亿元） | 财政资金占比 | 自筹资金占比 |
|---|---|---|---|
| 2010 | 285.96 | 81.2% | 19.8% |
| 2011 | 310.76 | 89.5% | 10.5% |
| 2012 | 364.22 | 90.8% | 9.2% |

资料来源：国研网数据中心。

## 二、农业生产方式依然粗放

通过文献分析可以发现大部分年份，地区的财政支出对农业增长的贡献主要是粗放式的，直到 2010 年，前期投入的大量财政支出才对农业科技和农业生产组织制度发挥出了积极的作用，少部分地区的农业全要素生产率才得到一定程度的改善。这表明目前的区域发展中，物质资本积累和投入仍然是农业增产的主要方式，现代农业中依靠知识积累、技术改进和效率提高的生产方式尚未占据主导地位。这样的农业生产方式会带来高能耗、高排放（彭超、龙文军，2013；龙文军、彭超，2013）。例如，很多地方出现了“一吨水换一吨粮”、化肥投入超过其边际产值等现象。

## 三、地方规划助推劳动力成本上升

2007 年开始的国际金融危机对我国外向型经济造成了极大的影响，2008 年以来，政府出台了四万亿元的经济刺激计划，地方规划也在产业发展等方面迅速跟进，新建了大量的铁路、公路等。这些项目的开工地点多数位于农村地区，工作地点往往距离农民工的家乡较近，于是吸引了大批劳动力。这一趋势一定程度上助推了劳动力成本的上升，造成了部分地区的劳动力相对短缺。如图 4—8 所示，我国农民工平均月工资由 2008 年的 1 340 元增长到 2013 年

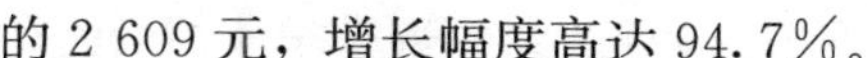

的 2 609 元，增长幅度高达 94.7%。

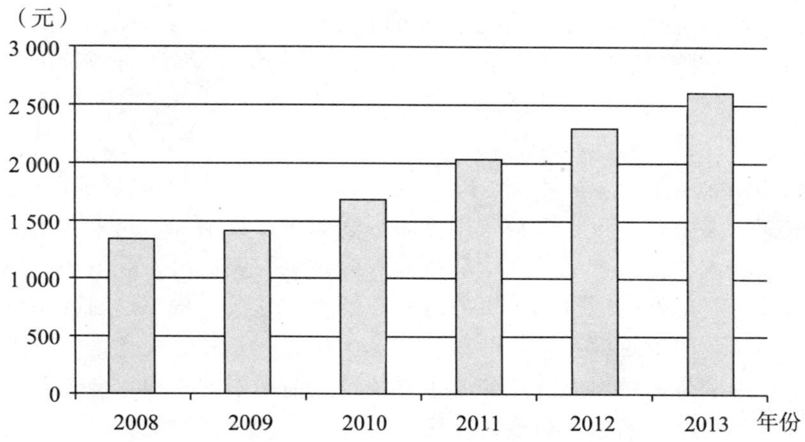


**图 4—8　2008—2013 年我国农民工平均月工资数据**

资料来源：各年度《中国农村住户调查年鉴》。

## 四、农业农村发展与资源环境的关系亟须得到前所未有的重视

当前，我国农业生产的主要目的是粮食增产、农民增收。然而，正是由于长期以来过分追求粮食产量，忽视了资源环境的重要性，农业生态环境已遭受了巨大的破坏。这不仅影响了农业生产的可持续性，而且造成了其他一系列负面后果。例如，我国在 2013 年一年内使用的化肥折成存量高达 5 900 万吨，与 1978 年的 800 万吨相比，增长了好几倍。氮肥和磷肥的过度使用导致中国主要的湖泊和河流污染严重，并且严重地影响了地下水资源的质量。国家环保总局早在 2004 年针对太湖、巢湖、滇池三湖的调查中就指出，三湖中约 50%的总氮和总磷来自农业面源污染，湖泊富营养化问题难以得到根本解决。而且，化肥流失导致的面源污染也往往被视

为渔业资源减少和慢性疾病的原因。此外，我国近几年使用的农药也在逐步增加，每年使用约180万吨。根据农业部门的测算，真正用于作物防病防害的农药仅占30%，剩余的70%都被喷洒到地上或挥发到空气中，造成严重污染。我国在2012年一年内使用了将近240万吨农用塑料薄膜，比2008年的200万吨增加了20%，但能够回收的塑料薄膜不到140万吨，有将近100万吨薄膜的碎片残留在土壤中，土壤中塑料农用地膜的残留量逐年增加，给农业生态环境和人体健康造成了严重的负面效应，也对农业可持续发展构成了威胁。此外，根据国土资源部发布的土地整治蓝皮书，目前中国耕地受到中、重度污染的面积约5 000万亩，很多地区土壤污染严重，特别是大城市周边、交通主干线及江河沿岸的耕地重金属和有机污染物严重超标，造成食品安全等一系列问题。据测算，当前每年受重金属污染的粮食高达1 200万吨，相当于4 000万人一年的口粮。我国土地盐碱化、沙化面积达20.25亿亩，水土流失面积达53.4亿亩。综上所述，由于长期以来过分追求粮食产量，我国农业生态环境已遭受了巨大破坏，对经济社会发展构成了巨大挑战，解决我国生态问题已到了刻不容缓的地步，农业农村发展与资源环境的关系亟须得到高度重视。

## 第八节　本章小结

农业作为国民经济发展的基础性产业，其重要性不容置疑，再加上农业本身具有一定的弱质性，其健康可持续发展离不开政府的规划引导。21世纪以来，为了促进区域协调发展，国家出台了一系列区域性发展规划，这些规划也为区域内农业和农村发展指明了方向。通过梳理众多的区域规划文件可以发现，各种规划一般从保障粮食安全、提高农产品供给能力、统筹城乡发展以及承接农村劳

动力转移四个方面确立农业与农村的发展目标。这些涉农规划的制定与实施有效地促进了我国农业生产的可持续发展，有效地改善了农村地区基础设施建设，具体表现在以下几个方面：(1) 农业基础设施建设扎实推进；(2) 粮食综合生产能力有所增强；(3) 现代农业发展水平大幅提高；(4) 农产品流通体系初步成型；(5) 城乡收入差距有所缩小；(6) 资源环境问题日益得到重视。虽然在规划的引导下，农业农村发展取得了有目共睹的成绩，但是不可否认其在执行过程中还存在一些问题，主要体现为区域规划中的农业农村发展缺乏“自下而上”的动力、农业生产方式依然粗放、地方规划助推了劳动力成本的上升、农业农村发展与资源环境的关系亟须得到高度重视等。

# 第五章

# 规划引导对农业增长的贡献的实证分析

自1992年十四大首次明确地把建立社会主义市场经济体制作为我国经济体制改革的目标以来，以市场经济为导向的政策目标逐渐得到落实，政府和市场的关系越来越明确，理论界和政策界对两者关系的认识越来越清晰。其后从1993年开始，经济计划政策在内容、职能及制定方法和过程上发生了根本性变化，促进了市场的发展和政府的简政放权，同时成为政府对经济发展保持控制的有力手段。2005年计划更名为规划后，规划更是成为制定各种公共政策的主要手段。

农业是国民经济的基础，而且在“以粮为纲”的制度环境下，在实施规划政策的过程中不可避免地要考虑其对农业的影响。而定性分析往往只从内在机理、逻辑推导、经验分析等方面考察政策的影响机制，很难度量影响的大小和方向，这时往往需要定量分析来进行补充。本章在前文分析的基础

上，以中部地区为例，采用DID模型，定量测算了2006年中部崛起相关规划政策对中部地区农业发展的影响，重点分析规划引导政策在我国农业增长中所扮演的角色。

## 第一节 区域规划政策筛选

本章通过筛选2006—2014年国家层面出台的涉农规划文件制成了表5—1。从表5—1可以看出，我国从2006年至2014年，区域规划政策基本覆盖全国。我国幅员广阔、地区差异大的基本国情决定了对地方经济发展只能分类指导，立足各地区的实际情况，相对独立地制定具有针对性的区域规划政策。从表面上看，区域政策虽是分散的，但实际上尊重了不同区域发展的客观实际，体现了分类指导的理念。随着中部崛起、西部大开发战略的实施，规划引导对于抑制我国区域经济发展差距拉大的趋势有重要作用。同时随着规划引导政策的密集出台，中西部地区出现了一批新的增长极，包括成渝地区、北部湾地区、长株潭城市群、武汉城市圈、皖江城市带等。这些经济增长极成为我国经济持续快速健康发展的重要支撑。在以市场为导向的基础上，政府这只"看得见的手"对中国社会经济发展仍有着巨大的引导作用。

历来的规划政策大多具有工业偏向（Industry Bias）和城市偏向（City Bias）特征，在主流发展经济学中认为工业化是经济发展的中心、"工业化就是一切"的观点盛行，虽然随着经济社会发展，对"三农"问题的重视程度日益提高，但就目前国家层面发布的规划政策而言，农业仍然属于弱质产业、落后产业。在2006年至2014年间出台的约四十个规划政策中，涉及农业生产的规划政策占80%以上，但将农业作为重点发展内容的相对较少，仅在中部粮食主产地区规划政策中将农业置于关键地位，进行重点发展。中

部地区是我国粮食主产区，2013 年全国小麦产量为 60 193.84 万吨，仅河南一省就占近三成（29.65%），为了保证“中国人的饭碗端在中国人手里”，稳定中部地区的农业生产至关重要，相关的规划政策也要在粮食安全战略框架下实施。这也是下文选取中部地区作为主要研究对象，考察规划引导政策对农业的影响的重要原因之一。

**表 5—1　　近几年出台的地方发展意见、规划、方案**

| 发文时间 | 名称 | 涉及地区 |
| --- | --- | --- |
| 2006 年 4 月 | 《中共中央国务院关于促进中部地区崛起的若干意见》 | 山西、安徽、江西、河南、湖北、湖南 |
| 2006 年 5 月 | 《国务院办公厅关于落实中共中央国务院关于促进中部地区崛起若干意见有关政策措施的通知》 | 山西、安徽、江西、河南、湖北、湖南 |
| 2006 年 5 月 | 《国务院推进天津滨海新区开发开放有关问题的意见》 | 天津 |
| 2007 年 9 月 | 《国务院关于进一步促进新疆经济社会发展的若干意见》 | 新疆 |
| 2008 年 9 月 | 《国务院关于进一步促进宁夏经济社会发展的若干意见》 | 宁夏 |
| 2008 年 9 月 | 《国务院关于进一步推进长江三角洲地区改革开放和经济社会发展的指导意见》 | 上海、江苏、浙江 |
| 2008 年 11 月 | 《横琴总体发展规划》 | 珠海横琴 |
| 2008 年 11 月 | 《国务院关于支持青海等省藏区经济社会发展的若干意见》 | 青海 |
| 2008 年 12 月 | 《国务院关于珠江三角洲地区改革发展规划纲要（2008—2020 年）的批复》 | 广州、港澳地区 |

续前表

| 发文时间 | 名称 | 涉及地区 |
| --- | --- | --- |
| 2008 年 12 月 | 《国务院关于长株潭城市群资源节约型和环境友好型社会建设综合配套改革试验总体方案的批复》 | 长沙、株洲、湘潭 |
| 2009 年 1 月 | 《国务院关于推进重庆市统筹城乡改革和发展的若干意见》 | 重庆 |
| 2009 年 4 月 | 《国务院办公厅关于重庆统筹城乡综合配套改革试验总体方案的复函》 | 重庆 |
| 2009 年 5 月 | 《国务院关于支持福建省加快建设海峡西岸经济区的若干意见》 | 福建 |
| 2009 年 5 月 | 《国务院关于成都统筹城乡综合配套改革试验总体方案的批复》 | 成都 |
| 2009 年 6 月 | 《国务院关于江苏沿海地区发展规划的批复》 | 江苏 |
| 2009 年 7 月 | 《关中—天水经济区发展规划》 | 陕西和甘肃部分地区 |
| 2009 年 8 月 | 《辽宁沿海经济带发展规划》 | 大连、丹东、锦州、营口、盘锦、葫芦岛 |
| 2009 年 8 月 | 《国务院关于中国图们江区域合作开发规划纲要——以长吉图为开发开放先导区的批复》 | 吉林省图们江区域 |
| 2009 年 9 月 | 《国务院关于进一步实施东北地区等老工业基地振兴战略的若干意见》 | 辽宁、吉林、黑龙江 |
| 2009 年 9 月 | 《国务院办公厅关于应对国际金融危机保持西部地区经济平稳较快发展的意见》 | 西部地区 |

续前表

| 发文时间 | 名称 | 涉及地区 |
|---|---|---|
| 2009年11月 | 《国务院关于黄河三角洲高效生态经济区发展规划的批复》 | 山东省黄河三角洲地区 |
| 2009年12月 | 《国务院关于进一步促进广西经济社会发展的若干意见》 | 广西 |
| 2009年12月 | 《国务院关于推进海南国际旅游岛建设发展的若干意见》 | 海南 |
| 2010年1月 | 《国务院关于皖江城市带承接产业转移示范区规划的批复》 | 安徽皖江城市带 |
| 2010年1月 | 《国务院办公厅关于支持西藏经济社会发展若干政策和重大项目的意见》 | 西藏 |
| 2010年1月 | 《中共中央国务院关于推进西藏跨越式发展和长治久安的意见》 | 西藏 |
| 2010年5月 | 《国务院办公厅关于进一步支持甘肃经济社会发展的若干意见》 | 甘肃 |
| 2010年5月 | 《国家发展改革委印发关于促进中部地区城市群发展的指导意见的通知》 | 山西、安徽、江西、河南、湖北、湖南 |
| 2010年11月 | 《国务院办公厅转发发展改革委农业部关于加快转变东北地区农业发展方式建设现代农业指导意见的通知》 | 东北地区 |
| 2011年1月 | 《国务院关于山东半岛蓝色经济区发展规划的批复》（摘登） | 山东半岛 |

续前表

| 发文时间 | 名称 | 涉及地区 |
| --- | --- | --- |
| 2011 年 3 月 | 《海峡西岸经济区发展规划》 | 福建、广东、浙江、江西 |
| 2011 年 5 月 | 《国家发展改革委关于印发成渝经济区区域规划的通知》 | 四川、重庆 |
| 2011 年 6 月 | 《国务院关于进一步促进内蒙古经济社会又好又快发展的若干意见》 | 内蒙古 |
| 2013 年 6 月 | 《黑龙江省“两大平原”现代农业综合配套改革试验总体实施方案》 | 黑龙江 |
| 2014 年 3 月 | 《国务院关于支持福建省深入实施生态省战略加快生态文明先行示范区建设的若干意见》 | 福建 |
| 2014 年 3 月 | 《赣闽粤原中央苏区振兴发展规划》 | 江西、福建、广东 |
| 2014 年 3 月 | 《晋陕豫黄河金三角区域合作规划》 | 山西、陕西、河南 |
| 2014 年 4 月 | 《洞庭湖生态经济区规划》 | 湖南、湖北 |
| 2014 年 6 月 | 《国务院关于同意设立青岛西海岸新区的批复》 | 青岛西海岸 |
| 2014 年 7 月 | 《珠江—西江经济带发展规划》 | 珠江—西江经济带 |
| 2014 年 9 月 | 《关于依托黄金水道推动长江经济带发展的指导意见》 | 长江经济带 |
| 2015 年 3 月 | 《推动共建丝绸之路经济带和 21 世纪海上丝绸之路的愿景与行动》 | 西安、郑州、上海、广州、海口等 |
| 2015 年 4 月 | 《京津冀协同发展规划纲要》 | 北京、天津、河北 |

注：仅限于国务院、国务院办公厅发文发函。

## 第二节　中部地区农业规划政策效果评价

由于各地区的规划政策并不同步，为避免多政策效应的叠加影响，本章度量单一政策的农业产出效应，并以中部地区为例，进行政策评价。位于中国内陆腹地的中部地区包括山西、安徽、江西、河南、湖北、湖南六省，总人口为 3.61 亿人，占全国人口的 28%，其中农村人口占全国的近 1/3，2013 年中部地区农业产值占地区生产总值的 11.92%，农业生产较为发达。为保障粮食安全，农业在中部地区的地位不可替代，以中部地区为例测量政策对农业的影响有重大意义和代表性。同时，2008 年之前，国家层面出台的规划政策还较为单一，主要以中部崛起为主。因此，以中部地区为考察对象，也可较好地避免噪声干扰，并扩大对照组成员，增大可用样本量。

2006 年《中共中央国务院关于促进中部地区崛起的若干意见》发布，涉及山西、安徽、江西、河南、湖北、湖南六个中部省份，这一事件相当于一次自然实验（natural experiment）①，因为对于在中部地区的众多农业参与者而言，国家层面的政策的发布可以被认为是完全外生的事件。

### 一、DID 模型

由于政策实施的对象一般具有针对性，对不同的客体所造成的

① 根据周黎安、陈烨（2012）的研究，所谓自然实验是指使得社会中个人、厂商、城市等发生改变的外生事件，也称为准实验（Quasi-experiment）。

影响也会有所不同，因而一项公共政策的实施对作用对象的效果一般是显著的，而对其他客体的影响却未必明显。借助自然科学中的实验方法（自然实验），把前者看做实验组（Treatment Group），后者看做对照组，比较政策实施前后二者的差异即可得到政策评价结果。现假定一项公共政策为自然实验，其实施区域为实验组，非实施区域为控制组（Control Group），并假设 $Y$ 为我们关心的结果随机量，$D=1$ 和 $D=0$ 分别代表实验组和控制组两地区。为了进行政策评价，我们至少需要观察两期，第一期为政策实施前，第二期为政策实施后。此时首先将实验组和控制组的变量 $Y$ 进行差分得

$$\Delta Y_i = \frac{1}{N}\sum (Y_{i1} - Y_{i0}) \tag{5—1}$$

通过（5—1）式可以得到变量 $Y$ 的变化趋势，然后根据（5—1）式再次进行差分可得

$$Treatment\_Effect = E(\Delta Y_i \mid D_i = 1) - E(\Delta Y_i \mid D_i = 0) \tag{5—2}$$

（5—2）式得出的结果是所求政策评价结果即处理效应（treament effect）。假定 $T=1$ 和 $T=0$ 分别代表政策实施后和政策实施前，可得表 5—2。

**表 5—2　　实验处理矩阵**

| *Treated* | $D_i=0$ | $D_i=1$ |
|---|---|---|
| $T=0$ | 0 | 0 |
| $T=1$ | 0 | 1 |

*Treated* 表示在某一期，某一地区是否被处理即是否参与实验。从表 5—2 可以看出，$Treated=D_i \times T$，因此可以将方程写为

$$Y_{it} = \alpha D_i + \beta T + \gamma(D_i \times T) + u_{it} \tag{5—3}$$

对（5—3）式进行差分可得

$$\Delta Y_i = \beta + \gamma D_i + \Delta u_{it} \tag{5—4}$$

对（5—4）式再次差分，求期望得

$$E(\Delta Y_1 - \Delta Y_0) = \gamma \tag{5—5}$$

可见 $\gamma$ 即为我们所求的政策效应。由于采用了两次差分，此方法也被称为双重差分。

对处理效应进行测算首先要剔除时间效应和组间差异（见图 5—1）。

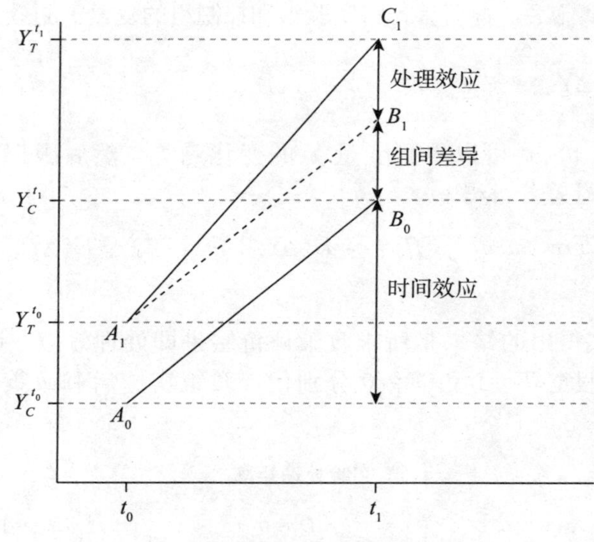


**图 5—1 DID 模型**

## 二、中部地区规划引导政策评价模型

中部崛起战略于 2006 年 4 月颁布，2006 年 5 月份开始实施。对于当地的农业从业者而言，这一政策可以被看做一种外生事件。因为农业从业者不太可能事先了解国家层面的政策内容而改变其生

产决策，所以我们可以把这一政策看做自然实验，把中部地区看做实验组，把不受这一政策变化影响的其他地区看做对照组。为了控制对照组和实验组之间的系统差异，我们把 2006 年看做事件年。如果地区属于实验组，那么我们对其赋值为 $policy=1$，反之为 $policy=0$。同理，对于在事件年及其之后的地区，我们赋值为 $year=1$，反之 $year=0$。由此，就将全部样本划分为四个组。除了控制变量之外，还需要控制非观测效应（Unobservable Effect），因此，估计方程为

$$y_{i,t}=\beta_0+\gamma policy_{i,t}+year_i+\chi\delta+\alpha_i+\alpha_t+\mu_{i,t} \quad (5—6)$$

其中，$y_{i,t}$表示被解释变量，$\chi$ 表示其他控制变量，$\alpha_i$ 表示不随时间变化的非观测效应，$\alpha_t$ 表示年份固定效应，$\mu_{i,t}$表示随时间变化的事件误差（Time Varying Error）。在（5—6）式中，我们关注两个虚拟变量交叉项的系数 $\gamma$，在数学上它等于实验组在事件年前后的差异减去对照组在事件年前后的差异，即所谓的双重差分。需要注意的是，如果我们利用混合截面数据进行 OLS 回归，那么由于不能避免 $\alpha_i$ 与自变量的相关性，会导致估计结果的有偏和不一致。采用面板数据，通过组内差分，可以消除个体非观测效应，因此本章采用 DID 模型进行估计。

相对于 OLS 回归，DID 模型的优点在于较好地避免了政策作为解释变量所存在的内生性问题，或者确切地说是控制了因变量和解释变量之间的相互影响效应。如果数据集是面板数据，那么 DID 模型不仅可以利用解释变量的外生性，而且可以控制不可观测的个体异质性对因变量的影响。因此，DID 模型成为近年来经济学者评估公共政策的主要方法之一，例如聂辉华等（2009）使用 DID 模型考察了增值税转型政策对企业固定资产投资、雇佣和研发行为以及生产率的影响，并讨论了企业行为对产业结构优化和就业形势的影响。

## 三、变量界定和数据处理

（1）被解释变量。被解释变量以 1997 年不变价的农林牧渔业总产值（*AGDP*）来表示。农林牧渔业总产值的计算方法通常是将农、林、牧、渔业产品及其副产品的产量分别乘以各自单位产品价格后加总，其可以衡量农业发展状况。同时考虑到现行投入口径中农业劳动力、机械投入等都是广义农业口径，为与农业投入统计口径保持一致，故采用广义农业总产值。

（2）解释变量。解释变量是中部崛起规划引导政策。在政策评价模型中，相当于（5—6）式中实验组与事件年的交叉项。

（3）控制变量。1）劳动投入（*L*）。以农林牧渔总劳动力计算，不包括农村从事工业、服务业等的劳动力。2）土地投入（*S*）。这比可耕地面积更能代表土地的实际利用率，因为农业中复种或休耕、弃耕等都是比较普遍的现象。3）机械动力投入（*M*）。以农业机械总动力计算，包括用于农、林、牧、渔业的各种动力机械，不包括专门用于乡镇、村组办工业、基本建设、非农业运输、科学实验和教学等非农业生产方面的机械和作业机械。4）化肥投入（*F*）。以本年度内实际用于农业生产的化肥施用量（折纯量）计算，这主要包括氮肥、磷肥、钾肥和复合肥等。5）灌溉面积（*IR*）。以每年实际有效灌溉面积计算，这等于灌溉工程或设备能够进行正常灌溉的水田和水浇地面积之和。6）农业结构调整系数（*AS*）。采用粮食作物播种面积占所有农作物总播种面积的比重来计算。该指标可以反映各省农业种植结构是否朝着比较优势方向发展，也可以反映地区农业产业结构调整的市场化情况。7）产业结构系数（*IS*）。采用各省份第二、三产业增加值占 GDP 的比重来构造产业结构指标。伴随着工业化、城镇化进程的快速推进，对农业耕地资源的占用不可避免，农业土地投入的减少势必影响农业产出。

需要说明的是上述指标的选取是在统计资料的限制下做出的次优选择，但并不影响主要实证结果。

由于2006年国家同时颁布了《国务院推进天津滨海新区开发开放有关问题的意见》，为增加估计样本量，避免叠加效应，单独考察2006年中部地区的规划政策效应，本章在控制地区中剔除天津。同样，2007年存在规划政策指导的新疆地区也被剔除，最终本章采用中国29个省份1999—2008年的数据指标①形成的平衡面板数据来考察规划引导政策对农业增长的影响。以上数据指标主要来源于2000—2009年的《中国统计年鉴》《中国农村统计年鉴》《中国农业年鉴》。各变量的统计详情如表5—3所示。

**表5—3　　各变量相关统计情况**

| 变量 | 单位 | 均值 | 标准差 | 最小值 | 最大值 |
| --- | --- | --- | --- | --- | --- |
| *AGDP* | 亿元 | 1 139.626 | 846.377 | 47.095 | 3 612.930 |
| *L* | 万人 | 1 049.189 | 778.511 | 46.080 | 3 558.550 |
| *S* | 千公顷 | 5 163.351 | 3 464.673 | 230.440 | 14 147.000 |
| *M* | 万千瓦 | 2 146.432 | 2 207.746 | 95.322 | 10 350.000 |
| *F* | 万吨 | 166.989 | 201.130 | 2.500 | 2 833.000 |
| *IR* | 千公顷 | 1 773.227 | 1 371.980 | 151.120 | 4 989.200 |
| *AS* | — | 0.678 | 0.114 | 0.354 | 1.039 |
| *IS* | — | 0.848 | 0.072 | 0.636 | 0.992 |

## 四、实证分析结果与讨论

在进入模型前对变量取对数，这样做的好处在于可以有效消除异方差、序列相关问题，并且可以考察增长率的影响。由于我们要

① 考虑到数据和资料的可得性，以及研究的实际意义，我们的分析边界中没有将中国台湾、中国香港和中国澳门包括在内。

考察政策对农业的效应，规划引导政策对于农业生产者是外生的冲击变量，因此（5—6）式中两个虚拟变量的交叉项是外生的。需要注意的是其他控制变量与被解释变量可能存在因果关系，即存在内生性问题，这将导致估计系数有偏，不过根据伍德里奇（2000）的研究，如果关键解释变量与其他控制变量无关，那么其系数仍是无偏的。

为了直接观察中部崛起规划引导政策对农业的影响，将作为实验组的中部地区和作为对照组的其他地区进行对比，对比结果见表 5—4。

**表 5—4　　中部崛起规划引导政策对农业增长的影响**

| 变量 | 中部地区（M） | 其他地区（O） | 真实差异（M−O） | 抽样差异 | 实证 $P$ 值 |
|---|---|---|---|---|---|
| ln$S$ | −0.27<br>(−1.95) | −0.240*<br>(−2.08) | −0.030 | 0.008 | 0.376 |
| ln$IR$ | 0.109<br>(−0.6) | −0.095<br>(−1.05) | 0.205 | −0.003 | 0.018** |
| ln$F$ | 0.896***<br>(−6.43) | −0.017<br>(−0.57) | 0.914 | −0.010 | 0.000*** |
| ln$L$ | −0.179<br>(−1.01) | −0.188*<br>(−2.32) | 0.009 | 0.008 | 0.490 |
| ln$M$ | 0.197**<br>(−3.44) | 0.700***<br>(−9.52) | −0.504 | −0.010 | 0.000*** |
| $AS$ | −0.404<br>(−1.82) | −0.169<br>(−1.02) | −0.236 | −0.015 | 0.120 |
| $IS$ | −0.14<br>(−0.37) | −0.056<br>(−0.11) | −0.084 | 0.099 | 0.366 |
| $R^2$ | 0.948 | 0.743 | | | |
| 样本数 | 60 | 230 | | | |

注：(1) 括号中的数字为所估计系数的 $Z$ 值；(2) *** 表示在 1%的置信水平上显著，** 表示在 5%的置信水平上显著，* 表示在 10%的置信水平上显著。

采用自助抽样法反复抽样 500 次后，结果见表 5—4，可以看出中部地区和其他地区只在灌溉、化肥、机械方面存在显著差异，其中灌溉面积对中部地区的农业和其他地区的农业的作用方向恰好相反，但都不显著，这可能是由于农户作为“自利”人，在考虑个人效用最大化的基础上，对待农业水利灌溉设施时很容易造成拥挤效应和过度使用问题，使灌溉这一准公共物品的利用效率低下。化肥的使用对中部地区的农业有显著的正向影响，而在其他地区则由于土地承载能力有限，化肥投入的边际收益出现递减趋势，因而对农业产出的影响并不显著。机械动力投入对各地区的农业都有显著的正向影响。由于中部地区耕地资源禀赋良好，机械化作业方便，以河南为例，2012 年耕种收综合机械化率为 73.5%，远高于全国近 50%的平均水平，因而中部地区的农业机械化发展相对较为成熟。其他地区的机械动力投入虽然相对较少，但处于边际收益递增阶段，对农业的促进效应相对于中部地区更加明显。上述这些差异的产生除了中部地区规划引导政策的影响之外，地区间资源禀赋、技术条件等个体特征的差异，样本地区伴随时间产生的系统性变化也有可能是主要原因。为了同时控制政策效应、个体特征、系统性差异以及其他控制变量，本章采用 DID 模型进行估计。

使用 Stata12.0 软件，模型运行结果如表 5—5 所示。在回归模型的选择上，通过固定效应回归的 $F$ 检验得出 $p=0.0000$，表明在固定效应模型和混合模型中应选择固定效应模型。进一步通过 Hausman 检验得出卡方值为－779.90，根据连玉君等（2014）的研究，检验统计量为负，可以认为原假设不成立，应该采用固定效应模型。因此，接下来主要针对固定效应模型的结果来进行解释。对于本章的研究目的而言，年份、地区等哑变量的系数没有明确的经济含义，因此表 5—5 没有报告。

**表 5—5　中部崛起规划引导政策对农业增长的影响（各种模型对比）**

| 变量 | 混合模型 | 固定效应模型 | 随机效应模型 |
| --- | --- | --- | --- |
| *policy*×*year* | −0.271<br>(−0.90) | −0.051 7*<br>(−2.12) | −0.038<br>(−1.42) |
| ln*S* | | 0.093 5<br>(−1.03) | 0.254**<br>(−2.89) |
| ln*IR* | | −0.125<br>(−1.66) | −0.063 9<br>(−0.82) |
| ln*F* | | −0.014 3<br>(−0.57) | 0.021 7<br>(−0.79) |
| ln*L* | | 0.043 8<br>(−0.6) | 0.172*<br>(−2.54) |
| ln*M* | | 0.426***<br>(−8.46) | 0.372***<br>(−7.12) |
| *AS* | | −0.770***<br>(−5.72) | −1.004***<br>(−7.25) |
| *IS* | | 0.113<br>(−0.31) | 0.249<br>(−0.66) |
| 常数项 | 6.453***<br>(−80.470) | 3.856***<br>(−5.79) | 1.540**<br>(−3.03) |
| $R^2$ | 0.051 3 | 0.809 | 0.796 |
| 样本数 | 290 | 290 | 290 |

注：(1) 括号中的数字为所估计系数的 *Z* 值；(2) *** 表示在 1%的置信水平上显著，** 表示在 5%的置信水平上显著，* 表示在 10%的置信水平上显著。

根据表 5—5，在固定效应模型中，从系数上看，政策的效果在 10%的置信水平上显著为负，回顾 2006 年中央政府颁布的两项政策——《中共中央国务院关于促进中部地区崛起的若干意见》和《国务院办公厅关于落实中共中央国务院关于促进中部地区崛起若干意见有关政策措施的通知》——可以发现，政策的颁布和落实一般存在一定的滞后效应，由于事件年后我们只选取了 2007 年、2008 年两年作为对照，而且规划的新型生产模式对原有的经营方式存在一定的替代，因此若时滞期超过两年，则规划政策对农业的影响出现不明显甚至显著为负的情况也极有可能，考虑到篇幅限制

和数据的获得性，本章并未深入探讨政策的滞后期。除此之外，中部崛起规划引导政策不仅关注农业，而且也关注第二、三产业的布局和发展。考虑到政策的城市偏向和工业偏向特征，非农产业对农业的替代效应也增大了政策的农业风险。

在控制变量中，劳动替代型技术——机械动力——对农业生产的影响在1%的置信水平上显著为正，机械动力投入每增加1%，农业产出可以增加0.426%，而化肥的作用则不明显，表明农业生产中机械对劳动力的替代作用逐渐超过化肥对土地的替代作用，随着农村剩余劳动力的不断转移，农业生产中的劳动力成本也不断上涨，发展劳动节约型技术即机械技术对促进农业规模化生产、降低农业生产成本有着重要意义。人多地少的资源禀赋现状使得我国在劳动密集型作物上具有比较优势，而在土地密集型作物上处于比较劣势，实证结果表明农业结构调整系数对农业产出的影响为负，说明我国在实际农业生产中并未考虑具有比较优势的作物，这更多地是因为粮食安全对于历史上曾被称为“饥荒之国”的大国来说至关重要，历届政府的政策都强调保证“将饭碗牢牢端在自己手上”。规划引导政策的城市偏向和工业偏向特征使得产业结构系数不断增大，农业增加值占总产值的比重持续下降，但从实证结果来看，这些变动对农业生产并未造成显著影响，这主要是因为在以稳定农业生产、保障粮食产量为国家战略的制度环境下，第二、三产业的发展也必须在农业稳定的前提下进行。这也从侧面反映了三大产业的发展并非完全是替代和相互竞争的，也可以实现共同发展。除此之外，表5—5还表明土地投入、灌溉面积、劳动投入的作用并不显著，我国耕地或播种面积的变化弹性较小，灌溉设施较为落后，农村还存在一定的剩余劳动力。

## 第三节　本章小结

2006年之后为了促进经济较快、可持续发展，政府发布了一系列针对不同地区的区域规划文件，2012年相关政策基本覆盖全国，规划引导政策对社会经济发展的影响不言而喻。农业是国民经济的基础，分析区域规划政策对农业的影响有着重要意义。为了避免噪声干扰，度量单一规划政策对农业的影响，本章以中部地区为例，通过DID模型对中部崛起的区域规划政策效应进行定量分析，与前文中的定性分析相互印证。

结果表明中部崛起政策在样本期内并未对农业产生显著的正向溢出效应，相反，相关支农措施产生效应的滞后性和政策的城市偏向和工业偏向特征，以及第二、三产业的发展对农业产生的难以避免的替代效应导致此项政策对农业的影响在10%的置信水平上显著为负。而产业结构系数在我国粮食安全的战略框架下对农业生产并未造成显著影响，这也从侧面说明了三次产业并非完全是竞争的，而是能够实现共同发展。除此之外，研究还表明我国农业机械技术的发展促进了农业增长，而劳动投入、土地投入、灌溉面积等要素对农业增长的作用并不明显，农业结构调整有背于比较优势理论，还有进一步优化的空间。

以上这些特征还体现了转型时期我国农业发展的新特征，随着经济发展，农村剩余劳动力不断减少，劳动力成本也不断上升，根据诱致性技术进步理论，农业技术发展开始侧重于劳动节约型，这体现在农业机械投入对农业生产的显著的正向影响上，而传统的土地节约型技术——化肥——随着边际收益递减，对农业生产的影响开始变得不显著。农业机械化是现代农业的重要特征，由政府出台相关规划引导政策，促进农业科技创新，发展农业机械技术对当下

和未来农业发展十分重要。

本章的研究还存在一定的局限性。出于数据的限制和不同政策效应的分离、识别问题，本章只以中部地区为例，度量同时期单一政策——中部崛起规划——对农业的影响。由于中部地区是我国粮食主产区，在“以粮为纲”的制度环境下，选取中部六省也具有较强的代表性和现实意义。通过自助抽样对比发现实验组与对照组存在较大差异，虽然通过 DID 模型控制了政策效应、个体特征和系统性差异，但由于地区间在经济发展水平、政策支持、制度安排、生产方式、种植结构等方面差异巨大，这些差异难以被模型完全控制，因而样本的随机性受到一定影响，比如各地区出台的地方规划政策可以带来与中部崛起规划相同或相似的效应。

# 第六章

# 基于 DEA 的区域规划农业政策效率实证研究

20 世纪 90 年代末，首个区域规划——西部大开发战略——成功实施。进入 21 世纪后，国家层面的区域规划更是密集出台。这些区域规划涉及一系列的农业发展政策，具体内容包括粮食综合生产能力建设、改造传统农业、农业基础设施建设、农业科技研发和推广、农产品流通体系建设以及资源环境保护等。由此可见，促进农业可持续发展在这些区域规划中占有重要地位。

2006 年，《中共中央国务院关于促进中部地区崛起的若干意见》出台。如何更好地打造中部粮食产业基地成为中部地区崛起战略的重点。农业是整个国民经济发展的基础，对于中部地区而言，粮食生产基地建设对中部地区的发展乃至整个国家的粮食安全具有重要意义。由此，本章将重点以中部地区的农业为例，采用 DEA 方法对中部地区崛起区域规划政策的效率进行专题评价，衡量规划实施后

中部地区的产出水平和资源利用率，并结合各省的特点，针对各省如何提高政策资源投入效率提出相应的对策建议。

## 第一节　区域规划政策效率实证评价方法

对政策进行评价的方法分为定性评价法和定量评价法两种。其中，定性评价法包括前后对比分析法、专家打分评价法以及对象评价法等，这类方法带有浓厚的主观性。而定量评价法更强调客观量化，包括多目标决策方法、成本收益分析法以及运筹学方法等。定量评价法从客观量化角度对数据资源进行优选和评价，整个评价过程更为系统、客观、科学，但这并不等于定量评价法绝对优于定性评价法。定性评价法与定量评价法并无绝对的优劣之分。任何一种政策评价方法都有其自身的优点与缺点，没有任何一种方法具有普适性。当对政策效率评价方法进行选择时，应该考虑政策评价的目的和条件。据此，本章选取DEA方法对区域规划政策效率进行评价。DEA方法可以很方便地计算出决策单元的相对效率，并能提出优化投入、提高效率的方案。考虑到评价区域规划政策效率的特殊性，若采用参数方法例如随机前沿分析法（Stochastic Frontier Analysis，SFA），则很难区分出误差项以及无效率项，而使用DEA方法则可有效避免这个问题。此外，区域规划政策效率评价中有多种政策资源投入，并且效果产出也多种多样，而DEA方法在多输入多输出的有效性评价方面具有绝对优势。

### 一、DEA方法简介

DEA是评价同类型决策单元的相对有效性的数量分析方法。该方法由美国数学家和运筹学家A. Charnes和W. W. Cooper等

提出。DEA 将效率的测度对象称为决策单元，决策单元可以是任何拥有可测量的投入、产出（或输入、输出）的部门、单位，如厂商、学校等（成刚，2014）。与参数方法相比，DEA 方法无须预先设定函数形式，可以有效避免模型设定导致的错误。可见，DEA 方法在简化算法、减小误差等方面具有突出的优越性。本章在评价区域规划政策的效率时采用的是 DEA 方法中的 CCR 模型和 BCC 模型。CCR 模型假定规模报酬不变，其得出的技术效率包含规模效率，由此通常被称为综合技术效率。而 BCC 模型是在 CCR 模型的基础上将现实的规模报酬可变这个因素考虑进去，其测算出来的技术效率通常被称为纯技术效率，与 CCR 模型得出的综合技术效率相区别。

## 二、投入导向 CCR 模型

本章将用 DEA 方法中的 CCR 模型测算综合政策因素投入效率（Technical Efficiency of Policy Factors Input，TPE）。综合政策因素投入效率用来反映区域利用最小的政策因素投入获得一定效果产出的能力，可以反映政策资源投入的整体转化效率（周知，2013）。综合政策因素投入效率可以通过图 6—1 进行解释，假设有两种政策因素投入，一种效果产出。基于投入导向的 DEA 模型首先假设某地区只使用两种政策因素投入 $x_1$ 和 $x_2$，且仅有一种效果产出 $y$，并且假设该地区是规模报酬不变的，以 $MN$ 线表示完全效率区域（$MN$ 线上各点的政策因素投入效率相等），$HK$ 线表示两种政策因素投入价格的比值。如果某地区以 $P$ 点所代表的政策资源作为投入，那么 $QP$ 线便可测量该地区政策资源投入的无效程度。可以看出，即使政策因素投入组合从 $P$ 点变动到 $Q$ 点，效率也没有降低。因此，可以用 $QP/OP$ 来表示该地区政策因素投入可以降低的比例，进而得到某地区的综合政策因素投入效率 $TPE$ 为

$$TPE = OQ/OP = 1 - QP/OP \quad (6—1)$$

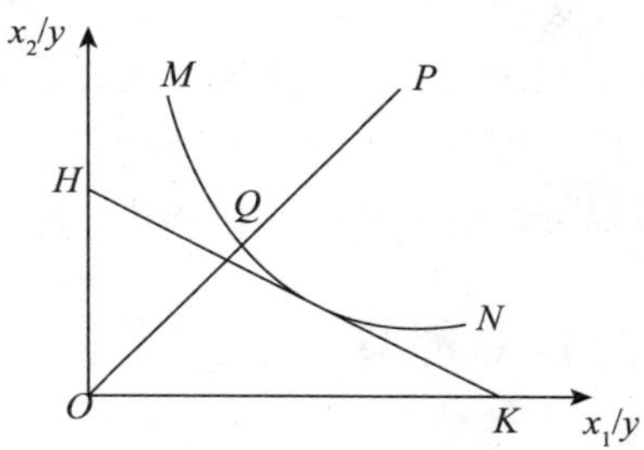


**图 6—1　综合政策因素投入效率**

因此，基于规模报酬不变条件的 CCR 模型可以表示如下。

假设要测量 $n$ 个地区的综合政策因素投入效率记为 $DMU_j$（$j=1, 2, \cdots, n$），每个 $DMU$ 都拥有 $m$ 个政策因素投入指标，记为 $x_i$（$i=1, 2, \cdots, m$），$q$ 种效果产出，记为 $y_r$（$r=1, 2, \cdots, q$）。当前要测量的 $DMU$ 记为 $DMU_k$，从而得到 CCR 模型（成刚，2014）为

$$\begin{aligned}
&\min TPE = \theta \\
&\text{s. t.} \quad \sum_{j=1}^{n} \lambda_j x_{ij} \leqslant \theta x_{ik} \\
&\sum_{j=1}^{n} \lambda_j y_{rj} \leqslant y_{rk} \\
&\lambda \geqslant 0 \\
&i = 1, 2 \cdots, m; r = 1, 2, \cdots, q; j = 1, 2, \cdots, n
\end{aligned} \quad (6—2)$$

（6—2）式中，$\lambda$ 表示 $DMU$ 的线性组合系数，模型的最优解 $TPE^*$（即 $\theta^*$）代表综合政策因素投入效率，$TPE^*$ 的范围为 (0, 1]。模型目标函数的最优解为 $\theta^*$，$1-\theta^*$ 表示被评价的 $DMU_k$ 在不降低效果产出水平的条件下，其政策因素投入能够缩减的最大幅度。$\theta^*$ 越小表示政策因素投入可以缩减的幅度越大，效

率越低。$\theta^*=1$ 说明被评价的 DMU 位于前沿面上，在不减少效果产出的条件下，其政策因素投入没有等比例下降的空间，该地区的综合政策因素投入是有效的。$\theta^*<1$ 说明被评价的 *DMU* 的综合政策因素投入是无效的，即存在冗余，在不减少效果产出的条件下，其政策因素投入可以等比例下降的比例为 $1-\theta^*$。

## 三、投入导向 BCC 模型

本章将用 DEA 方法中的 BCC 模型测算纯政策因素投入效率（Pure Technical Efficiency of Policy Factors Input，PPE）和规模效率（Scale Efficiency of Policy Factors Input，SE）。纯政策因素投入效率反映规划区域的投入与效率最高区域的投入的效率差距（周知，2013）。规模效率表示当实现的效果产出相同时，区域实际规模和理想规模的效率差距（周知，2013）。通过对 BCC 模型求解，可求得规模报酬区间。BCC 模型与 CCR 模型的主要区别就是在 CCR 模型的基础上加入了一个约束条件 $\sum_{j=1}^{n}\lambda_j=1(\lambda\geqslant 0)$，从而 BCC 模型为

$$
\begin{aligned}
&\min \theta \\
&\text{s. t. } \sum_{j=1}^{n}\lambda_j x_{ij}\leqslant \theta x_{ik} \\
&\sum_{j=1}^{n}\lambda_j y_{rj}\leqslant y_{rk} \\
&\sum_{j=1}^{n}\lambda_j=1 \\
&\lambda\geqslant 0 \\
&i=1,2\cdots,m;r=1,2,\cdots,q;j=1,2,\cdots,n \qquad (6\text{—}3)
\end{aligned}
$$

本章将通过分析区域规划政策的投入和产出的关系测量区域规划政策的效率。评价区域规划政策的效率需要用到两类指标：一是

政策因素投入指标；二是效果产出指标。其中，政策因素投入指标可以反映各地区政策资源的投入情况。效果产出指标反映的是政策因素投入后产生的效果。

## 第二节　评价指标的定义与选取依据

### 一、变量界定与指标定义

#### （一）效果产出指标

1. 粮食产量

粮食产量是指谷物、豆类和薯类的生产总量。粮食关系到国计民生，粮食产量是反映经济社会发展、衡量国家粮食安全的重要指标。选择粮食产量作为效果产出指标，可以较合理地评价区域规划政策的效率。

2. 农林牧渔业总产值

农林牧渔业总产值是指以货币表现的农林牧渔业全部产品和对农林牧渔业生产活动进行的各种支持性服务活动的价值总量。选择农林牧渔业总产值作为效果产出指标，可以反映区域规划政策的总效果。

#### （二）政策因素投入指标

1. 中央财政专项拨款

中央财政专项拨款是中央财政为实现特定政策目标，对地区财政提供补助的专项资金。将中央财政专项拨款纳入政策因素投入，能反映中央对规划区域的财政支出力度。

2. 中央财政调入资金

中央财政调入资金是中央专门划拨的政策性资金。这一指标也能体现中央对规划区域的财政支出力度。

3. 中央补助投入

中央补助投入是中央对规划区域的政策性补贴，并且包含税收返还。通过中央补助投入可以看出中央对规划区域的补助力度。

## 二、指标选取依据

### （一）效果产出指标的依据

区域规划的纲领性文件直接引导着规划政策。因此，当评价区域规划政策时，应将其作为区域规划政策效率评价的重要参考依据。《中共中央国务院关于促进中部地区崛起的若干意见》及《国务院办公厅关于落实中共中央国务院关于促进中部地区崛起若干意见有关政策措施的通知》中都提到“加大对粮食生产的支持力度，完善扶持粮食生产的各项政策”和“加快建设全国重要粮食生产基地，巩固中部地区粮食生产区地位”。促进中部地区崛起的规划中明确提出将中部地区建设为粮食生产基地，提高粮食综合生产能力，要把中部地区打造成为高产稳产的粮食基地，力争在2020年使中部地区粮食产量达到全国粮食总产量的1/3，切实保障国家粮食安全。可见，促进中部地区崛起的规划特别重视中部地区的粮食生产，保障国家粮食安全。中部地区六省作为传统的农业大省，十分重视农业发展。促进中部地区崛起的规划强调要加快农业结构调整、提升农业产业化经营水平以及完善农村基础设施建设，从而促进农业生产的可持续发展。足见，促进中部地区崛起的规划把中部六省的农业发展放在具有战略性的位置上。因此，实证分析中选取粮食产量和农林牧渔业总产值来反映农业在区域规划政策下的效果。

### （二）政策因素投入指标的依据

政策投入是指在政策实行过程中各种投入资源及其分配的情况，而区域规划政策投入主要是指财政政策和税收政策对规划地区的资助。针对某个特定的规划区域，其财政扶持和税收优惠都来源

于中央。因此，本章选择中央财政专项拨款、中央财政调入资金以及中央补助投入作为政策因素投入。中央财政专项拨款、中央财政调入资金以及中央补助投入可以反映中央对规划区域的财政支持力度。税收返还可以反映中央对规划区域的税收优惠。需要说明的是，实证分析中，税收返还包含在中央补助投入中。另外，周知（2013）在对长三角区域规划政策效率评价的研究中提出中央财政专项拨款、中央财政调入资金、中央补助投入以及中央转移支付和税收返还能很好地反映在特定区域规划政策中中央对规划区域的财政扶持和税收优惠。

本章进行中部地区区域规划政策实证分析的指标体系如表6—1所示。

**表6—1　　中部地区区域规划政策评价指标**

| 指标类型 | 指标名称 |
| --- | --- |
| 效果产出指标 | 粮食产量 |
| | 农林牧渔业总产值 |
| 政策因素投入指标 | 中央财政专项拨款 |
| | 中央财政调入资金 |
| | 中央补助投入 |

## 第三节　样本选取与数据处理

### 一、样本选择

本章以中部地区[①]为样本来评价中部地区崛起规划政策的实施

① 中部地区包括山西、安徽、河南、湖北、湖南以及江西六省。

效果。选择中部地区作为实证分析对象的主要原因是中部地区季风气候显著，水热条件好，农业资源比较丰富，历来就是我国重要的商品粮生产基地，中部地区在农业生产上具有很强的典型性和代表性。此外，进入21世纪以来，虽然中部地区的农业发展面临各种困难，然而中部六省始终把农业发展放在突出的战略地位，紧抓粮食生产，粮食生产连续几年实现丰收。农业是国民经济的基础，中部地区的农业发展是中部地区其他经济形式发展的基础，而粮食生产更是基础的基础，中部地区的粮食生产对于中部地区农村社会的稳定乃至整个国家的粮食安全具有重要意义。因此，对中部地区区域规划政策效果进行评价具有十分重要的现实意义和政策意义。

## 二、数据处理

粮食产量和农林牧渔业总产值的数据来源于《中国统计年鉴》(2000—2013年)。中央财政专项拨款的数据来源于《中国民政统计年鉴》(2000—2013年)，而其他两个政策因素投入指标中央财政调入资金和中央补助收入的数据来源于《中国财政年鉴》(2000—2013年)。效果产出指标和政策因素投入指标的原始数据见表6—2。考虑到价格因素，在之后的实证分析中，本书对涉及价格的指标进行了数据处理。其中农林牧渔业总产值为1990年不变价。参考各省的统计年鉴，以1990年=100换算成1990年的不变价地区生产总值指数，然后用各省1990年的地区农林牧渔业总产值乘以该不变指数得到各自1990年的不变价地区农林牧渔业总产值。此外，通过构造政策因素投入的平减指数，把用现价表示的各省的中央财政专项拨款、中央财政调入资金和中央补助收入调整为可比的实际值。采用固定资产投资价格指数作为政策因素投入的平减指数，从而将其调整为1990年价的实际值。

样本考察期为1999—2012年，中部地区崛起区域规划于2006

年提出，2007年才是规划政策实施的第一年。因此，本章实证分析的重点是对2006年之后的政策效率进行评价。需要指出的是，DEA模型要求*DMU*的数量不应少于投入和产出指标数量的乘积，但这只是一个粗略的指导性原则，仍应考虑实际应用情况。本节实证分析中*DMU*的数量是固定的六个，投入和产出指标的数量分别为三和二，满足*DMU*的数量不应少于投入和产出指标数量乘积的条件。考虑到实际情况以及实证结果中DEA模型的区分能力比较强，实证中采用DEA模型是合适的。

**表6—2　　　　中部地区DEA评价指标的原始数据**

| 省份 | 年份 | 效果产出指标 | | 政策因素投入指标 | | |
|---|---|---|---|---|---|---|
| | | 粮食产量（万吨） | 农林牧渔业总产值（亿元） | 中央财政调入资金（亿元） | 中央补助收入（亿元） | 中央专项拨款（亿万） |
| 山西 | 1999 | 821.700 | 305.300 | 6.076 | 86.835 | 2.466 |
| | ⋮ | ⋮ | ⋮ | ⋮ | ⋮ | ⋮ |
| | 2012 | 1 274.100 | 1 304.260 | 53.740 | 1 262.450 | 49.920 |
| 安徽 | 1999 | 2 771.200 | 1 234.300 | 3.272 | 132.912 | 2.203 |
| | ⋮ | ⋮ | ⋮ | ⋮ | ⋮ | ⋮ |
| | 2012 | 3 289.100 | 3 728.300 | 67.540 | 2 095.170 | 70.784 |
| 河南 | 1999 | 4 253.250 | 1 906.800 | 9.641 | 175.019 | 3.437 |
| | ⋮ | ⋮ | ⋮ | ⋮ | ⋮ | ⋮ |
| | 2012 | 5 638.600 | 6 679.040 | 78.760 | 2 848.060 | 108.662 |
| 湖北 | 1999 | 2 451.880 | 1 126.100 | 9.200 | 163.079 | 3.374 |
| | ⋮ | ⋮ | ⋮ | ⋮ | ⋮ | ⋮ |
| | 2012 | 2 441.810 | 4 732.120 | 75.590 | 2 111.610 | 93.047 |

续前表

| 省份 | 年份 | 效果产出指标 | | 政策因素投入指标 | | |
|---|---|---|---|---|---|---|
| | | 粮食产量（万吨） | 农林牧渔业总产值（亿元） | 中央财政调入资金（亿元） | 中央补助收入（亿元） | 中央专项拨款（亿万） |
| 湖南 | 1999 | 2 725.400 | 1 200.900 | 2.344 | 166.285 | 2.761 |
| | ⋮ | ⋮ | ⋮ | ⋮ | ⋮ | ⋮ |
| | 2012 | 3 006.500 | 4 904.100 | 34.740 | 2 387.800 | 102.248 |
| 江西 | 1999 | 1 732.700 | 750.300 | 4.549 | 111.569 | 1.971 |
| | ⋮ | ⋮ | ⋮ | ⋮ | ⋮ | ⋮ |
| | 2012 | 2 084.800 | 2 399.260 | 62.260 | 1 652.150 | 66.267 |

## 第四节　政策效率评价的实证结果

本章选择中部地区六省在1999—2012年的政策因素投入以及效果产出数据，从横向和纵向两个角度对不同地区不同时间的区域规划政策效率进行比较分析。具体采用DEA方法，通过CCR模型测算出综合政策因素投入效率，通过BCC模型测算出纯政策因素投入效率、规模效率以及规模报酬的变动情况，进而对其变动进行详细分析，找出相对有效的*DMU*，并对非有效的*DMU*指出具体的改进方向。

### 一、政策效率评价的横向比较

通过对各个省份的政策投入因素效率进行横向分析，可以了解不同省份间区域规划政策效率的差距，从而对效率相对较低的省提

出改进的方向和措施。本章借鉴关于DEA效率评价横向分析的研究方法（朱南，2008），将2007—2012年的政策因素投入指标及效果产出指标数据进行平均，探讨六省在2007—2012年的平均政策效率。本章使用软件DEAP2.1计算出中部地区六省2007—2012年的平均综合政策因素投入效率、平均纯政策因素投入效率、平均规模效率及规模报酬变化（见表6—3）。

### （一）综合政策因素投入效率分析

综合政策因素投入效率用来衡量区域以最小的政策因素投入获取一定效果产出的能力，它可以反映区域规划政策资源投入的整体转换效率。由表6—3可看出，2007—2012年中部六省的平均综合政策因素投入效率为0.848，说明中部地区整体的政策资源投入转换效率不高，即中部地区的政策资源投入需要一定时间才能很好地转化为效果产出。具体看各个省份，山西、湖北和江西的综合政策因素投入效率小于1，分别为0.448、0.926和0.714，其余三省的综合政策因素投入效率都为1。

**表6—3　　各省份及中部地区的平均效率（2007—2012年）**

| | 综合政策因素投入效率 | 纯政策因素投入效率 | 规模效率 | 规模报酬 |
|---|---|---|---|---|
| 山西 | 0.448 | 1.000 | 0.448 | irs |
| 安徽 | 1.000 | 1.000 | 1.000 | — |
| 河南 | 1.000 | 1.000 | 1.000 | — |
| 湖北 | 0.926 | 0.970 | 0.955 | irs |
| 湖南 | 1.000 | 1.000 | 1.000 | — |
| 江西 | 0.714 | 1.000 | 0.714 | irs |
| 中部均值 | 0.848 | 0.995 | 0.853 | |

注：—表示规模报酬不变，irs表示规模报酬递增。

### （二）投影分析

2007—2012年，安徽、河南以及湖南三省的综合政策因素投

入效率都达到有效，它们不存在效果产出不足或者政策资源投入过多的问题。而山西和江西两省的综合政策因素投入效率并未达到有效，但这是规模效率不高所导致的，其原因并非政策资源投入冗余或者效果产出不足。然而，湖北省的综合政策因素投入效率没有达到有效的原因是政策资源投入存在冗余、资源利用效率低、效果产出不足。因此，对湖北省进行投影分析，其参考标杆为安徽、河南和江西。通过分析湖北省 2007—2012 年的政策因素投入冗余和效果产出不足，提出有效的改进方向及策略（见表 6—4 和表 6—5）。从表 6—4 可看出，湖北省的农林牧渔业不存在产出不足的情况，其实际产出等于理想产出。湖北省的粮食则存在生产不足的情况，产出不足率为 39.288%，湖北省的粮食产量需要增加 908.059 万吨才能达到理想产出 3 219.377 万吨。此外，从表 6—5可看出，政策因素投入均存在冗余情况，中央财政调入资金、中央补助收入和中央专项拨款的冗余率分别为 2.968%、2.967%和 21.135%。中央财政调入资金需要减少 0.503 亿元才能达到理想值 16.446 亿元，中央补助收入需要减少 30.992 亿元才能达到理想值 1 013.398 亿元，而中央专项拨款则需要减少 10.275 亿元才能达到理想值 38.342 亿元。可见，粮食产量不足以及政策因素投入过多致使湖北省在 2007—2012 年没有达到综合政策因素投入有效。

**表 6—4　　湖北省效果产出**

| 产出 | 粮食产量（万吨） | 农林牧渔业总产值（亿元） |
|---|---|---|
| 实际产出 | 2 311.318 | 2 040.980 |
| 理想产出 | 3 219.377 | 2 040.980 |
| 产出不足 | 908.059 | 0.000 |
| 不足率 | 39.288% | 0.000% |

表 6—5　　湖北省政策因素投入

| 投入 | 中央财政调入资金（亿元） | 中央补助收入（亿元） | 中央专项拨款（亿元） |
|---|---|---|---|
| 实际投入 | 16.949 | 1 044.389 | 48.617 |
| 理想投入 | 16.446 | 1 013.398 | 38.342 |
| 投入冗余 | 0.503 | 30.992 | 10.275 |
| 冗余率 | 2.968% | 2.967% | 21.135% |

### （三）纯政策因素投入效率、规模效率分析

纯政策因素投入效率可反映当地区的效果产出相同时，规划区域的投入与效率最高区域的投入的效率差距。而规模效率反映的则是效果产出相同时，区域政策资源投入的理想规模与实际规模的效率差距。由表 6—3 可知，中部地区六省的平均纯政策因素投入效率和平均规模效率分别为 0.995 和 0.853。具体到各省份，除湖北外，中部地区其余五省山西、安徽、河南、湖南以及江西的纯政策因素投入效率都为 1，并且安徽、河南和湖南的规模效率同时也为 1，也就是说安徽、河南和湖南达到了综合政策因素投入有效。然而山西和江西两省由于政策因素投入规模偏小，规模效率低，因而综合政策因素投入没有达到有效。湖北虽然同样未达到综合政策因素投入有效，但其是纯政策因素投入效率无效和规模效率无效双因素引起的。

### （四）规模报酬分析

依据规模和效果产出的关系，可将各省份分为三种类型，即规模报酬不变（crs）、规模报酬递减（drs）和规模报酬递增（irs）。其中，规模报酬不变表示政策因素投入规模是有效的，而规模报酬递增以及规模报酬递减表示需要对政策因素投入规模进行调整。由表 6—3 可看出中部地区六省的规模报酬情况。安徽、河南、湖南

属于规模报酬不变，且其综合政策因素投入以及纯政策因素投入均有效，这说明它们的政策资源配置是有效的，没有出现资源浪费。在后续的规划政策实施中，安徽、河南和湖南应维持目前的政策因素投入规模。而山西和江西两省的综合政策因素投入效率分别为0.448和0.714，纯政策因素投入效率都为1，其没有达到政策因素投入有效是规模无效单因素导致的。进一步分析可发现山西和江西都处于规模报酬递增状态，因此，它们的规模无效是政策因素投入规模太小导致的，在保持纯政策因素投入不变的情况下，只要扩大政策因素投入规模就可以提高它们的效率。山西和江西两省应适当加大政策资源投入，从而提高效率。湖北省没有达到政策因素投入有效则是规模无效和纯政策因素投入无效双因素引起的，并且它也处于规模报酬递增阶段，规模无效是政策因素投入规模过小引起的，也可以通过扩大政策因素投入规模来提高规模效率，当然在这一过程中，也要提高纯政策因素投入效率。因此，湖北省应提高政策资源投入的利用率，进而可以考虑通过增加政策投入来提高其效率。

## 二、规划政策效率的纵向比较

通过横向比较可获得各省份的总体政策效率情况，而通过纵向分析能够获取更多的有效信息。通过对时间序列进行纵向的政策效率评价分析，可对横向分析形成有效补充，了解各省份政策因素投入效率的持续变动情况。运用软件 DEAP2.1 计算出中部地区六省 1999—2012 年的区域规划政策效率（见表 6—6、表 6—7、表 6—8 及表 6—9），本章将重点分析 2007—2012 年综合政策因素投入效率、纯政策因素投入效率及规模效率的变动情况。

**表 6—6 中部地区六省的综合政策因素投入效率（1999—2012 年）**

| 年份 | 山西 | 安徽 | 河南 | 湖北 | 湖南 | 江西 |
|---|---|---|---|---|---|---|
| 1999 | 0.397 | 1.000 | 1.000 | 0.738 | 1.000 | 0.720 |
| 2000 | 0.385 | 1.000 | 1.000 | 0.749 | 0.975 | 0.858 |
| 2001 | 0.278 | 1.000 | 1.000 | 0.723 | 1.000 | 0.742 |
| 2002 | 0.391 | 1.000 | 1.000 | 0.724 | 1.000 | 0.643 |
| 2003 | 0.507 | 0.852 | 1.000 | 0.855 | 1.000 | 0.738 |
| 2004 | 0.442 | 1.000 | 1.000 | 0.751 | 1.000 | 1.000 |
| 2005 | 0.398 | 0.920 | 1.000 | 0.769 | 0.972 | 0.926 |
| 2006 | 0.392 | 0.828 | 1.000 | 0.726 | 0.758 | 0.900 |
| 2007 | 0.390 | 0.921 | 1.000 | 1.000 | 0.687 | 0.722 |
| 2008 | 0.519 | 1.000 | 1.000 | 1.000 | 0.941 | 1.000 |
| 2009 | 0.394 | 1.000 | 1.000 | 0.831 | 0.889 | 0.844 |
| 2010 | 0.475 | 1.000 | 1.000 | 0.920 | 0.770 | 0.695 |
| 2011 | 0.491 | 1.000 | 1.000 | 0.973 | 1.000 | 0.697 |
| 2012 | 0.529 | 0.913 | 1.000 | 0.847 | 1.000 | 0.695 |

**表 6—7 中部地区六省的纯政策因素投入效率（1999—2012 年）**

| 年份 | 山西 | 安徽 | 河南 | 湖北 | 湖南 | 江西 |
|---|---|---|---|---|---|---|
| 1999 | 1.000 | 1.000 | 1.000 | 0.806 | 1.000 | 1.000 |
| 2000 | 0.982 | 1.000 | 1.000 | 0.842 | 1.000 | 1.000 |
| 2001 | 1.000 | 1.000 | 1.000 | 0.783 | 1.000 | 1.000 |
| 2002 | 1.000 | 1.000 | 1.000 | 0.852 | 1.000 | 1.000 |
| 2003 | 1.000 | 1.000 | 1.000 | 0.961 | 1.000 | 1.000 |
| 2004 | 1.000 | 1.000 | 1.000 | 0.889 | 1.000 | 1.000 |
| 2005 | 1.000 | 1.000 | 1.000 | 0.904 | 1.000 | 1.000 |
| 2006 | 1.000 | 1.000 | 1.000 | 0.846 | 0.829 | 1.000 |
| 2007 | 1.000 | 1.000 | 1.000 | 1.000 | 0.860 | 1.000 |
| 2008 | 1.000 | 1.000 | 1.000 | 1.000 | 1.000 | 1.000 |
| 2009 | 1.000 | 1.000 | 1.000 | 0.891 | 0.922 | 1.000 |
| 2010 | 1.000 | 1.000 | 1.000 | 0.975 | 0.929 | 1.000 |
| 2011 | 1.000 | 1.000 | 1.000 | 0.979 | 1.000 | 1.000 |
| 2012 | 1.000 | 1.000 | 1.000 | 0.997 | 1.000 | 1.000 |

**表 6—8　　中部地区六省的规模效率（1999—2012 年）**

| 年份 | 山西 | 安徽 | 河南 | 湖北 | 湖南 | 江西 |
|---|---|---|---|---|---|---|
| 1999 | 0.397 | 1.000 | 1.000 | 0.916 | 1.000 | 0.720 |
| 2000 | 0.392 | 1.000 | 1.000 | 0.890 | 0.975 | 0.858 |
| 2001 | 0.278 | 1.000 | 1.000 | 0.923 | 1.000 | 0.742 |
| 2002 | 0.391 | 1.000 | 1.000 | 0.849 | 1.000 | 0.643 |
| 2003 | 0.507 | 0.852 | 1.000 | 0.890 | 1.000 | 0.738 |
| 2004 | 0.442 | 1.000 | 1.000 | 0.845 | 1.000 | 1.000 |
| 2005 | 0.398 | 0.920 | 1.000 | 0.851 | 0.972 | 0.926 |
| 2006 | 0.392 | 0.828 | 1.000 | 0.858 | 0.914 | 0.900 |
| 2007 | 0.390 | 0.921 | 1.000 | 1.000 | 0.799 | 0.722 |
| 2008 | 0.519 | 1.000 | 1.000 | 1.000 | 0.941 | 1.000 |
| 2009 | 0.394 | 1.000 | 1.000 | 0.933 | 0.964 | 0.844 |
| 2010 | 0.475 | 1.000 | 1.000 | 0.944 | 0.828 | 0.695 |
| 2011 | 0.491 | 1.000 | 1.000 | 0.994 | 1.000 | 0.697 |
| 2012 | 0.529 | 0.913 | 1.000 | 0.849 | 1.000 | 0.695 |

**表 6—9　　中部地区六省的规模收益变动情况（1999—2012 年）**

| 年份 | 山西 | 安徽 | 河南 | 湖北 | 湖南 | 江西 |
|---|---|---|---|---|---|---|
| 1999 | irs | — | — | irs | — | irs |
| 2000 | irs | — | — | irs | drs | irs |
| 2001 | irs | — | — | irs | — | irs |
| 2002 | irs | — | — | irs | — | irs |
| 2003 | irs | irs | — | irs | — | irs |
| 2004 | irs | — | — | irs | — | — |
| 2005 | irs | irs | — | irs | irs | irs |
| 2006 | irs | irs | — | irs | irs | irs |
| 2007 | irs | irs | — | — | irs | irs |
| 2008 | irs | — | — | — | drs | — |
| 2009 | irs | — | — | irs | irs | irs |
| 2010 | irs | — | — | irs | irs | irs |
| 2011 | irs | — | — | irs | — | irs |
| 2012 | irs | irs | — | irs | — | irs |

注：一表示规模报酬不变，irs 表示规模报酬递增，drs 表示规模报酬递减。

### (一) 综合政策因素投入效率分析

河南省2007—2012年的综合政策因素投入效率都为1，中部地区其他五省2007—2012年的综合政策因素投入效率变化情况如图6—2所示。依据综合政策因素投入效率的变化情况可对各省进行分类。(1) 总体趋势逐年上升型，包括山西和湖南两省。山西和湖南两省的综合政策因素投入效率整体上呈上升趋势。其中，山西省虽然没有达到政策因素投入有效，但是却在向有效接近。而湖南省的综合政策因素投入效率在2007—2010年整体上呈上升趋势，在2011年和2012年都实现了政策因素投入有效。(2) 总体趋势先升后降型，包括安徽和江西两省。安徽和江西两省的综合政策投入效率先逐渐提高，但后期又呈现出恶化的趋势。安徽省在2008—2011年这几年里的综合政策因素投入都达到了有效，但在2012年其效率稍微降低。江西省在2008年达到了综合政策因素投入有效，之后效率却逐渐降低。(3) 总体趋势先降后升型，包括湖北省。湖北省的综合政策因素投入效率先降低，之后经过调整，综合政策因素投入效率逐渐提高。

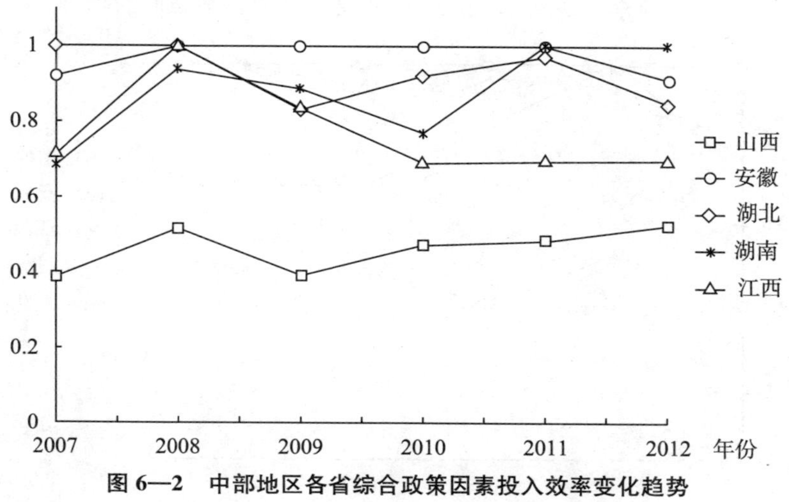


**图6—2　中部地区各省综合政策因素投入效率变化趋势**

### （二）纯政策因素投入效率、规模效率分析

从表6—7可知，2007—2012年，山西、安徽、河南和江西的纯政策因素投入效率都为1。通过分析可知，中部地区六省的纯政策因素投入效率比较平稳，且效率都比较高。河南省2007—2012年的规模效率都为1，中部地区其他五省在2007—2012年的规模效率变化情况如图6—3所示。同样，根据规模效率的变化情况可对各省进行分类。（1）总体趋势逐年上升型，包括山西和湖南两省。山西和湖南两省的规模效率整体上呈上升趋势。其中，山西省的规模效率虽然没有达到最佳，但在不断提高。湖南省的规模效率在2007—2009年逐渐提高，在2011年和2012年达到1。（2）总体趋势先升后降型，包括安徽和江西两省。2007年安徽省没有达到规模效率最佳，2008年其规模效率提升，2008—2011年其规模效率都达到1，到2012年其规模效率有轻微降低。江西省的规模效率在2008年达到1，之后几年逐渐降低。（3）波动型，包括湖北省。湖北省的规模效率先降后升，接着又呈下降趋势。2007年和2008年两年的规模效率都为1，2009年和2010年的规模效率有所下降，到2011年规模效率又回到1，到2012年又呈现出轻微降低的趋势。

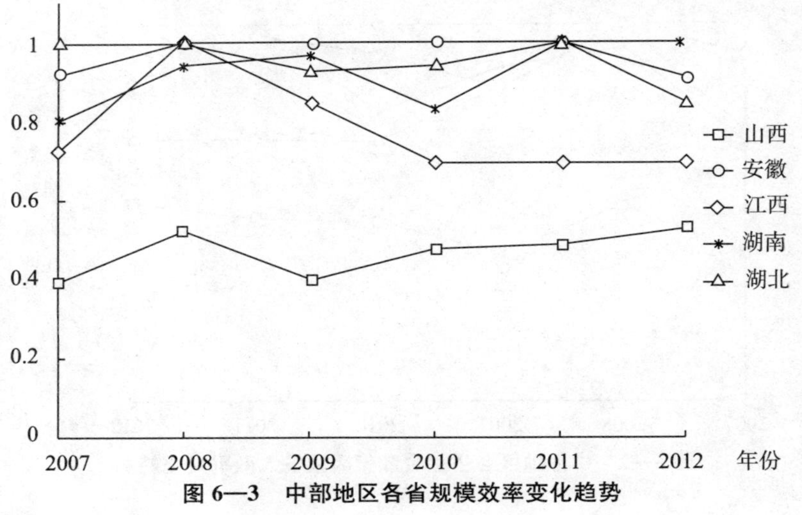


**图6—3　中部地区各省规模效率变化趋势**

## 第五节　本章小结

本章以中部地区的农业为例，采用DEA方法从横向和纵向两个角度对中部地区崛起区域规划政策的效率进行了专题评价。通过对区域规划政策效率的横向比较可知，中部地区各省的综合政策因素投入效率不高，安徽、河南和湖南三省的综合政策因素投入达到了有效；山西和江西的综合政策因素投入没有达到有效，其原因是规模效率没有达到最佳；湖北省的综合政策因素投入没有达到有效，是纯政策因素投入效率和规模效率双因素所致。安徽、河南、湖南属于规模报酬不变，山西、江西和湖北三省处于规模报酬递增阶段，据此本章提出了具有针对性的对策建议。第一，安徽、河南和湖南三省在后续的规划政策实施中应维持目前的政策因素投入规模。第二，山西和江西两省则可以适当加大政策资源投入，从而提高效率。第三，湖北省应提高政策资源投入的利用率，并同时考虑通过提高纯政策因素投入效率和增加政策投入来提高综合政策因素效率。此外，通过对区域规划政策效率的纵向比较可刻画出中部各省效率的趋势变化，并依据综合政策因素投入效率对各省进行分类。其中，山西和湖南两省为总体趋势逐年上升型，安徽和江西两省属于总体趋势先升后降型，而总体趋势先降后升型的代表为湖北省。进而根据各省份2007—2012年的规模效率变化趋势可知，山西和湖南两省的规模效率的总体趋势呈逐年上升，安徽和江西两省的规模效率的总体趋势呈先升后降趋势，而湖北省的规模效率表现为先降后升再降的波动型变化趋势。

需要指出的是，本章对中部地区崛起区域规划政策的效率进行了评价，分析了中部六省的农业发展效率，并以此对各省份如何提

高政策资源投入效率提出了有针对性的对策建议。但不足之处在于，这很难充分突出区域规划对农业发展的影响，当然这也并非本章的研究重点，区域规划政策对农业发展的影响在前一章已做了重点分析。

# 第七章

# 农业发展中规划引导面临的机遇、挑战及优劣势分析——以“十三五”规划为例

“十三五”时期不仅是我国全面建成小康社会的决战阶段和全面深化改革的攻坚阶段，而且是我国成为第一大经济体的冲刺时期和迈向高收入国家的关键时期。现代农业作为国民经济平稳健康发展的重要支撑，是我国经济适应发展新常态、保持调整回旋余地、应对经济风险隐患、跨越中等收入陷阱的基础。深入分析我国农业发展环境和条件的深刻变化，研究现代农业发展的优势和劣势、机遇和挑战，是科学编制“十三五”规划纲要的基础工作。

当前，国内外环境正发生深刻变化，“十三五”期间，现代农业发展面临的外部环境十分复杂。按照管理学中经典的SWOT分析框架，本章具体分析了“十三五”时期现代农业发展面临的优势、劣势、机遇和挑战。

## 第一节 “十三五”期间农业发展面临的优势

“十二五”以来，在党中央、国务院的坚强领导下，我国现代农业发展成效显著，农业综合生产能力稳步提高，成功取得了粮食生产连创佳绩、农业生产条件不断改善、农民收入显著提高以及农村改革深入推进四大成就。

(1) 我国粮食生产取得了令世人瞩目的“十一连增”的佳绩。“十二五”以来，党和政府高度重视粮食生产工作，明确了农业农村工作要以保障粮食等重要农产品的有效供给为中心，不断加大财政投入与政策支持力度，积极强化全社会的粮食安全意识，充分调动农业生产者的生产积极性，使我国粮食生产工作在“十一五”的高起点上再上新台阶。2011 年，我国粮食产量首次突破 11 000 亿斤大关，并在 2013 年突破 12 000 亿斤大关。2014 年，我国粮食总产量达到12 142亿斤，实现历史性的“十一连增”，粮食产量连续四年稳定在 11 000 亿斤以上。棉油糖、肉蛋奶、果菜茶的产量保持稳定增长。在实施“以我为主、立足国内、确保产能、适度进口、科技支撑”的国家粮食安全战略的大背景下，我国粮食生产实现了谷物基本自给以及口粮绝对安全。据农业部的统计数据，“十二五”期间，我国水稻、小麦、玉米三大主粮的自给率保持在 98%以上，做到了“中国人的饭碗要牢牢端在自己手中，自己的饭碗主要装自己生产的粮食”，这为应对各种国际风险、保障我国粮食安全与经济平稳较快发展奠定了坚实的物质基础。此外，我国依靠不断地创新研发培育了一大批品质好、产量高以及抗灾害能力强的农作物新品种。农作物良种覆盖率稳定在 96%以上，这标志着在我国的农业生产当中，优良品种培育技术已普及。以三大主粮为例，济麦 22 是山东省农业科学院作物研究所育成的超高产、广适、

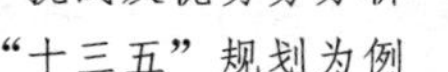

优质中筋小麦品种，它成功解决了我国冬小麦生产中高产与倒伏、高产与早衰、高产与广适性的矛盾，“十二五”期间济麦22得到大面积推广，播种面积占全国小麦种植总面积的10%以上；我国培育的优质香稻品种目前在国内高档香米市场上占据较大的份额，打破了泰国香米等国外品种在高档米市场上的垄断地位；我国培育的一系列玉米新品种在“十二五”期间屡次创造了高产纪录，新研发的玉米深松高产栽培技术效果突出，能使玉米平均每亩增产150公斤。与此同时，“十二五”期间，我国的“菜篮子”工程也取得了平稳较快发展，根据农业部的数据，2014年，我国肉类、禽蛋、蔬菜、水果和水产品等的产量位居世界首位，分别生产了8 707万吨肉类、7.6亿吨蔬菜、616万吨棉花、1.5亿吨水果、3 517万吨油料、1 332万吨食糖、2 894万吨禽蛋、3 725万吨牛奶和6 450万吨水产品。

（2）我国农业机械化水平稳步提高，农业生产条件逐渐改善，农业生产结构不断优化。“十二五”期间，我国不断提高农业设施装备水平，着重提升农业科技进步贡献率，加快我国传统农业向现代农业转变，使我国农业综合生产能力持续增强。以农业装备条件为例，2014年，我国农作物耕种收综合机械化水平为61%，比2010年上升了9个百分点。以三大主粮为例，水稻、玉米的耕种收综合机械化水平均超过75%，小麦基本实现全程耕种收完全机械化，这标志着我国的农业生产方式逐渐进入以机械作业为主的新阶段。在东北，将近7 000万亩水稻通过机械化方式进行插秧，东北地区大米的生产效率大大提高。此外，2014年我国的农机总动力为10.76亿千瓦，比2010年增加近1.5亿千瓦，农机工业不断发展，我国已成为世界农机制造第一大国。在农业科技方面，2014年，我国农业科技进步贡献率达到56%，为历史最高，比2010年的52%上升了4个百分点，成为我国农业增产最重要的影响因素，56%的农业科技进步贡献率也标志着我国农业生产从依靠增加资源要素投入促进发展向依靠科技进步

促进发展转变。与此同时，“十二五”期间，我国加大农业科技研发力度，高度重视基层农技推广体系，在农业生产经营领域集中力量推动用现代科学技术来促进农业生产，采用旱作节水、深耕深松以及保护性耕作等先进实用农业技术，开展测土配方施肥，通过科学的分析检测做到合理适当地施肥和进行土壤保养工作。2014 年我国测土配方施肥面积达到 15 亿亩，比 2010 年增加了 4 亿亩，增长幅度达到 36%，而且对主要粮食作物的耕种做到了全覆盖。“十二五”期间，我国还高度重视对农业农村创新高素质人才队伍和农业科研平台的建设，建立了灵活多元的农村科技人才培养体系和新型职业农民培育制度体系，为我国农业的可持续发展提供了人才储备。在农业生产设备与人才得到不断完善的同时，我国的农业生产条件也在不断改善。2014 年，我国农田有效灌溉面积为 9.86 亿亩，农田有效灌溉面积占比超过 50%，我国农业生产活动抵抗自然灾害的能力增强，逐步改变了过去“靠天吃饭”的被动局面。2011 年，我国出台了《中共中央国务院关于加快水利改革发展的决定》，中央和地方相继加大对农业农村基础设施建设的投入，造就了一批重要的现代农业基地。国家着重建设面积为 4 亿亩以上的旱涝保收高产稳产农田，在农业生产条件得到不断改善的情况下，这些农田每亩可增产 50～100 公斤。最后，在“十二五”期间，我国的农业生产结构得到不断优化。2014 年，农产品加工业总产值超过 23 万亿元，加工业总产值与农业总产值的比值达到 2.2∶1，高于 2010 年的 1.7∶1，如今我国农产品加工转化率超过 60%，这标志着我国从“卖初级农产品”向“卖农业加工制成品”的转变。

2008—2013 年我国农业直接补贴总额与农业生产情况见表 7—1。

**表 7—1　　2008—2013 年中国农业直接补贴总额与农业生产情况**

| 年份 | 直接补贴总额（亿元） | 粮食播种面积（万公顷） | 农业机械总动力（万千瓦） | 粮食产量（万吨） |
|---|---|---|---|---|
| 2008 | 1 031 | 10 679 | 76 590 | 52 871 |
| 2009 | 1 231 | 10 897 | 87 496 | 53 082 |
| 2010 | 1 326 | 10 987 | 92 780 | 54 648 |
| 2011 | 1 392 | 11 057 | 97 735 | 57 121 |
| 2012 | 1 643 | 11 127 | 102 559 | 58 958 |
| 2013 | 1 675 | 11 195 | 103 907 | 60 194 |

资料来源：2008—2013 年《中国农业统计年鉴》与《中国统计年鉴》。

（3）我国农民收入持续较快增长，生活水平明显提高。“十二五”以来，我国农民收入持续增长，2014 年我国农民人均纯收入达到 9 892 元，比 2010 年的 5 919 元增加了 3 973 元，连续十一年保持较快增长。农民人均纯收入增幅一直大于城镇居民收入增幅，城乡居民收入比由 2009 年的 3.33∶1 下降到 2014 年的 2.92∶1。2013 年我国农村居民家庭恩格尔系数为 37.7%，比 2010 年下降了近 3.4 个百分点，农村居民家庭设备及用品现金消费支出、交通通信现金消费支出、文教娱乐现金消费支出以及医疗保健现金消费支出不断增加，绝大部分农村家庭都拥有电视、冰箱、洗衣机等家用电器，有不少农村家庭还拥有小汽车。根据国家信息中心公布的数据，2014 年年底，农村网民数量达到 17 800 万人，比 2013 年增加了 200 万人，农村居民家庭每百户拥有移动电话 197.8 部，比 2013 年增加了 18 部。目前，网上购物已成为农民的正常的生活方式之一，不少农村地区还拥有大型超市以及电影院等，农民的业余娱乐活动进一步丰富。此外，“十二五”期间，党和政府高度重视农村减贫问题，动员各方力量，采取精准扶贫、对口扶贫以及产业扶贫等有效的政策措施，帮助贫困地区农民脱贫致富。2014 年我国贫困人口为 7 017 万人，而 2011 年为 1.22 亿人，贫困人口减少

了 5 000 多万人，可以说我国的反贫困工作取得了重大突破。

（4）我国农村改革不断深入推进，现代农业发展的体制机制逐步完善。“十二五”期间，我国不断推进农村土地制度改革，坚持市场化改革方向，按照现代农业发展的要求，在稳定和完善农村基本经营制度的基础上，构建新型农业经营体系，推动农村改革取得积极进展。在农村土地产权关系中，我国坚持“三权分置”的农户承包地制度改革，即落实集体所有权、稳定农户承包权、放活土地经营权，进行了我国农村改革的又一次重大创新。为更好地开展农村土地“三权分置”工作，中央与地方政府积极开展土地承包经营权确权登记颁证工作，截至 2015 年 6 月，全国已完成实测承包地面积 3.5 亿亩，确权面积 2.6 亿亩。土地承包经营权确权登记颁证工作的顺利开展有助于加快土地经营权的流转，鼓励与发展多种形式的适度规模经营。根据农业部公布的数据，截至 2014 年年底，全国农村家庭承包耕地流转总面积超过 4 亿亩，比 2010 年增加了 2 亿多亩，流转面积占比超过 30%。同时，我国正在不断发展与完善新型农业经营体系，中央与各级地方政府正着力支持新型农业经营主体从事农业生产活动，截至 2015 年 6 月，我国的农业产业化龙头企业超过 12 万家，家庭农场超过 87 万家，农民合作社超过 140 万家。目前，新型农业经营主体已逐步成为我国现代农业生产的主力军，随着农村改革不断深入推进，我国正逐渐完善现代农业发展的体制机制，坚持“新型经营主体＋社会化服务＋适度规模经营”的现代农业发展模式。

## 第二节　“十三五”期间农业发展面临的劣势

近年来我国加快推进农业现代化，但各种风险和结构性矛盾也在积聚，尤其是一直以来就存在的一些问题不断积累、叠加，在进

入“十三五”前，这些问题导致的结构性矛盾和约束性条件已经达到了临界点，具体体现在以下几方面。

第一，农业资源的紧张和生态环境的恶化已经达到不可持续的临界点。我国粮食生产“十一连增”、重要农产品连年丰收，从一定程度上来说，是建立在高强度开发和利用农业资源的基础上的，加之工业和城市发展对农业环境的污染日趋严重，经过多年积累，资源环境绷得过紧，已经趋近于不可持续的临界点（见表7—2）。在资源方面，据测算，我国每年减少耕地600万～700万亩，守住18亿亩耕地红线的压力越来越大。截至2013年年底，我国拥有耕地20.37亿亩，人均耕地约为1.49亩，人均拥有耕地面积不足世界平均水平的一半。耕地面积从2009年开始呈现出逐年减少趋势，从2009年的13 539万公顷减少到2013年的13 516万公顷，且“我国适合开发的耕地后备资源已经消耗殆尽，耕地开发利用已经达到生态的极限”（孔祥斌，2014）。在林地资源方面，根据第八次全国森林资源清查的结果，我国森林面积约为2.08亿公顷，森林覆盖率为21.6%，森林覆盖率低于全球31%的平均水平，人均森林面积仅为世界人均水平的25%，森林资源总量相对不足、质量不高。在水资源方面，我国淡水资源总量不足、利用率不高，农业年均缺水量为300多亿立方米。根据水利部的资料，我国水资源总量由2010年的30 906亿立方米减少到2013年的27 958亿立方米，人均水资源量由2010年的2 310立方米减少到2013年的2 060立方米，不足世界人均占有量的30%，全国年平均缺水量高达500多亿立方米，其中，有16个省（区、市）的人均水资源量低于1 000立方米，属于严重缺水地区，有6个省（区、市）的人均水资源量低于500立方米，属于极度缺水地区。当前，我国水资源的开发利用已逼近红线，且水土资源的匹配严重失调，50%以上耕地位于北方的干旱、半干旱地区。以降水为例，我国东部地区处于季风区，降水相对丰富，而占全国国土面积一半的西北内陆由于身处非季风区，气候异常干旱，降水总量仅占全国的9%，水资源总量

更是不足全国的5%。南北降水的差异也十分明显。以秦岭—淮河为界，南部亚热带季风气候区降水充沛，而北部温带季风气候区降水明显偏少。北方15省（区、市）拥有全国60%的耕地，水资源量仅占全国的1/3，北方地区干旱缺水，却要肩负起我国产粮大省的重任，南方地区水资源充足，但耕地面积却在急剧减少。

**表7—2　　　　2009—2013年我国农业资源概况**

| | 耕地面积（万公顷） | 人均耕地面积（亩） | 水资源总量（亿立方米） | 人均水资源（立方米） | 森林面积（万公顷） | 森林覆盖率 |
|---|---|---|---|---|---|---|
| 2009 | 13 539 | 1.53 | 24 180 | 1 816 | 20 769 | 21.6% |
| 2010 | 13 527 | 1.52 | 30 906 | 2 310 | 20 769 | 21.6% |
| 2011 | 13 524 | 1.51 | 23 257 | 1730 | 20 769 | 21.6% |
| 2012 | 13 516 | 1.50 | 29 527 | 2 186 | 20 769 | 21.6% |
| 2013 | 13 516 | 1.49 | 27 958 | 2 060 | 20 769 | 21.6% |

资料来源：国家统计局网站。

在生态环境方面，我国人多地少的国情使耕地等资源长期被高强度、超负荷利用，又因为我国的粮食生产方式仍处于靠化肥、农药和大水漫灌来提高产量的粗放生产阶段，所以地力不断下降。资料显示，目前我国耕地退化面积占总耕地面积的40%以上。此外，根据相关资料，农业已超过工业成为中国最大的面源污染，即农业造成的污染已经远大于工业造成的污染。由于过分追求产量的提升，我国的农业生产长期过量使用化肥与农药，再加上不合理地处置畜禽粪便、农田残膜等农业废弃物，土壤污染、大气污染和水污染等环境恶化现象层出不穷。我国农药利用率为30%～40%，化肥利用率为30%，残膜率高达42%，工业“三废”和城市生活污染向农业农村扩散，镉、汞、砷等不断向水土渗透。全国年均超采地下水215亿立方米，超采区面积达23万平方公里，环境地质灾害频发，农业生态系统退化。如表7—3所示，我国农用化肥、农药和农用塑料薄膜的使用量逐年上升，在大量投入现代化农业生产

要素、粮食增产的同时，我国土地资源与水资源也正遭受严重污染，成为我国未来保障粮食安全的重要制约因素。这些问题已经严重威胁农业可持续发展和农产品质量安全，加快转变农业发展方式日益迫切。

**表 7—3　　2009—2013 年我国农业生产资料使用情况**

| | 农用塑料薄膜使用量（万吨） | 农用化肥施用折纯量（万吨） | 农药使用量（万吨） |
|---|---|---|---|
| 2009 | 208 | 5 404 | 171 |
| 2010 | 217 | 5 562 | 176 |
| 2011 | 229 | 5 704 | 178 |
| 2012 | 238 | 5 839 | 180 |
| 2013 | 249 | 5 912 | 180 |

资料来源：国家统计局网站。

第二，农产品供求总量紧平衡、结构性短缺日益严重，已经达到总量难以平衡、结构和质量安全需求难以满足的临界点。我国居民对大米、小麦等的人均消费量从 20 世纪 90 年代后期就开始呈下降趋势，而畜产品、水产品和蔬菜水果等高附加值农产品占食物消费的比例持续快速增长。但是，我国农业生产结构的调整滞后于优质化、多样化和专用化的需求结构的变化，牛羊肉、奶类等高品质产品的供需矛盾加剧。近年来，我国每年大体增加粮食需求 200 亿斤、肉类 80 万吨。随着人口总量增加、工业化城镇化深入推进，今后一段时期这一趋势还将持续，农产品供求总量紧平衡向难以平衡的临界点趋近。同时，我国人均 GDP 接近 7 000 美元，国际经验表明，我国进入了消费结构加快升级的阶段，人们不仅要“吃得饱”，而且要“吃得好”，人们对“舌尖上的安全”的要求也越来越高。保障粮食总量平衡的难度依然很大，实现结构平衡、质量安全的压力更加凸显。

第三，农村劳动力短缺越来越严重，劳动力成本不断上升，已

经达到农业生产后继无人的临界点。农村劳动力大量转移，务农劳动力素质结构性下降，农业兼业化、农民老龄化、农村空心化问题突出。如表 7—4 所示，农村劳动力老龄化现象严重，51 岁及以上劳动力占到全体劳动力的 1/4，劳动力素质普遍不高，文化程度大多处于初中及以下水平。劳动力转移加快，农村高素质劳动者呈结构性下降趋势，农业劳动力外流使得很多土地撂荒，造成了一定程度上的农业资源浪费。农村劳动力整体素质不高，自身认知能力有限，对新技术的接受能力较差，农民对农业技术的掌握还停留在传统经验的基础上，多数农民凭经验、老方法种地，很少真正地使用推广的新技术。在应用农业技术的过程中，存在操作不规范，随意性、盲目性强等问题。农民参与农业新技术、新成果应用的热情不高，对政策、资金有很强的依赖性。即使政府组织培训，由于年龄偏大，农民参与农业科技技能培训的积极性也较低，不愿意接受新鲜事物，接受技能培训的主观性不强。今后“谁来种地”与“谁来养猪”的问题已很现实地摆在我们面前。

**表 7—4　　农村劳动力资源总量及构成**

| | | 全国 | 东部地区 | 中部地区 | 西部地区 | 东北地区 |
|---|---|---|---|---|---|---|
| 农村劳动力资源总量（万人） | | 53 100 | 19 828 | 14 582 | 15 142 | 3 548 |
| 农村劳动力性别构成（%） | 男性 | 50.8 | 50.9 | 50.4 | 50.9 | 52.0 |
| | 女性 | 49.2 | 49.1 | 49.6 | 49.1 | 48.0 |
| 农村劳动力年龄构成（%） | 20 岁以下 | 13.1 | 13.2 | 13.8 | 12.8 | 11.1 |
| | 21—30 岁 | 17.3 | 18.8 | 15.4 | 16.9 | 18.4 |
| | 31—40 岁 | 23.9 | 23.4 | 23.7 | 24.5 | 24.6 |
| | 41—50 岁 | 20.7 | 21.4 | 20.9 | 19.1 | 23.5 |
| | 51 岁以上 | 25.0 | 23.2 | 26.2 | 26.7 | 22.4 |

续前表

| | | 全国 | 东部地区 | 中部地区 | 西部地区 | 东北地区 |
|---|---|---|---|---|---|---|
| 农村劳动力文化程度构成（%） | 文盲 | 6.8 | 4.6 | 6.7 | 10.7 | 2.6 |
| | 小学 | 32.7 | 28.3 | 29.8 | 41.0 | 33.2 |
| | 初中 | 49.5 | 53.9 | 52.0 | 39.7 | 56.7 |
| | 高中 | 9.8 | 11.8 | 10.4 | 7.5 | 6.4 |
| | 大专及以上 | 1.2 | 1.4 | 1.1 | 1.1 | 1.1 |

资料来源：《第二次全国农业普查主要数据公报》。

第四，农业比较效益受成本“地板”和农产品价格“天花板”双重挤压，已经达到农民消极务农不愿种粮的临界点。受生产资料、土地、劳动力等要素价格上涨的影响，农业生产的经济成本越来越高。一方面，农业生产日益呈现出“高成本”特征，而我国农产品价格形成机制还不完善，农业比较效益持续下降。据统计，2013 年夏收小麦、早稻和夏收油菜籽每亩纯收益分别为 152 元、321 元和 55 元。种田一亩不如外出打工一周的现象日益凸显。另一方面，农产品价格上涨遭遇“天花板”。目前，国内部分农产品价格已经明显超过国际农产品到岸价，农产品加工企业利润受侵蚀的现象极为严重，依靠托市政策提高农产品价格已经难以为继。由于我国的农业生产仍然以小规模农户为主，因此，在较低的亩均利润下，农户种粮务农的户均利润极低，大大影响了农民从事农业生产的积极性。

第五，土地和劳动力等成本日益显性化，已经到达新型经营主体能够承受的生产成本临界点。在小规模分散的家庭经营中，自家劳动力投入、自有土地投入不计入农业生产成本。近年来，各类农业新型经营主体加快发展，土地流转面积不断增加，雇工现象已经非常普遍。此外，随着工业化、城市化的加速推进，农地越来越稀缺，工业和城市用地价格的不断攀升也增加了农地生产的机会成本；大量农村劳动力的流失和转移使得农村生产的老龄化现象严

重，农村劳动力的缺乏导致农村地区的用工成本增加，土地成本显性化与人力成本显性化问题日益突出。根据《2015 年全国农产品成本收益资料汇编》的数据，2014 年我国三大主粮（稻谷、小麦、玉米）平均的生产成本为 1 068.6 元/亩，比 2008 年增加了 506.2 元/亩，增幅为 90%，其中，人力成本由 2008 年的 175.0 元/亩增长到 2014 年的 446.8 元/亩，增长幅度高达 155%；土地成本由 2008 年的 99.6 元/亩增长到 2014 年的 203.9 元/亩，增长幅度也超过了 100%（见表 7—5）。人力成本变化与土地成本变化是农业生产成本增加的最主要的原因。

**表 7—5　　三大主粮平均成本情况**　　（元/亩）

| | 2008 | 2009 | 2010 | 2011 | 2012 | 2013 | 2014 |
|---|---|---|---|---|---|---|---|
| 总成本 | 562.4 | 600.4 | 672.7 | 791.1 | 936.4 | 1 026.2 | 1 068.6 |
| 物质与费用 | 287.8 | 297.4 | 312.5 | 358.4 | 398.3 | 415.1 | 417.9 |
| 人力成本 | 175.0 | 188.4 | 226.9 | 283.1 | 372.0 | 429.7 | 446.8 |
| 土地成本 | 99.6 | 114.6 | 133.3 | 149.8 | 166.2 | 181.4 | 203.9 |

资料来源：《2015 年全国农产品成本收益资料汇编》。

在劳动力成本显性化方面，根据《2014 年全国农民工监测调查报告》，从 2010 年起，我国农民工的增速已连续四年出现下滑，2014 年全国农民工总量为 27 395 万人，比 2013 年增加 501 万人，增长 1.9%。2011 年、2012 年、2013 年和 2014 年农民工总量增速分别比上年回落 1%、0.5%、1.5%和 0.5%。农民工增速放缓直接导致用工成本的升高。2014 年，我国农民工平均月收入 2 864 元，比 2008 年的 1 340 元增加了 1 524 元。不断上涨的农民工工资间接推高了农村劳动的机会成本，使得农村地区的雇工费用也在不断上涨。根据《2015 年全国农产品成本收益资料汇编》的数据，2014 年平均每亩土地的雇工费用为 32.6 元，比 2008 年的 16.7 元增加了 15.9 元，增幅为 95.2%（见表 7—6）。

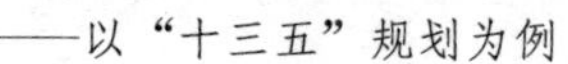

表 7—6　　平均每亩土地的雇工费用情况　　(元)

| | 2008 | 2009 | 2010 | 2011 | 2012 | 2013 | 2014 |
|---|---|---|---|---|---|---|---|
| 雇工费用 | 16.7 | 17.3 | 20.6 | 23.6 | 29.6 | 32. | 32.6 |

资料来源：《2015 年全国农产品成本收益资料汇编》。

在土地成本显性化方面，要加快构建新型农业经营体系，必须依靠新型农业经营主体整合碎片化、粗放型、分散化、小规模的耕地资源，提高土地产出率、资源利用率、劳动生产率。随着土地经营规模化成为我国农业的主要发展趋势，政府鼓励与支持新型经营主体推进农业的适度经营规模。新型经营主体需要通过付租金的形式从农民手中得到流转土地来实行规模化经营。目前我国土地流转率已经达到 30%，其中主要是农民之间的流转，工商资本流转的土地大约占到 10%。在我国大部分地区，土地流转租金普遍达到每年每亩 1 000 元，江浙地区甚至高达每年每亩 2 000 元。由过去农户在自家土地上从事农业生产活动的“零土地成本”到如今新型经营主体每年承担每亩 1 000 元的土地租金，土地成本的显性化大幅增加了农业生产成本。根据《2015 年全国农产品成本收益资料汇编》的数据，2014 年平均每亩土地的流转地租金为 32.5 元，比 2008 年的 10.1 元增加了 22.4 元，增幅超过 200%（见表 7—7）。此外，随着国家支持农村经济发展政策的不断深化，农村土地、耕地价值连年增长，土地流转租金不断上升。

表 7—7　　平均每亩土地的流转地租金情况　　(元)

| | 2008 | 2009 | 2010 | 2011 | 2012 | 2013 | 2014 |
|---|---|---|---|---|---|---|---|
| 流转地租金 | 10.1 | 11.3 | 15.4 | 17.8 | 21.8 | 26.3 | 32.5 |

资料来源：《2015 年全国农产品成本收益资料汇编》。

第六，国内外农产品价格持续倒挂，已经达到国际国内“两种资源、两个市场”无法平衡利用的临界点。以三大主粮为例，最早在 2008 年就出现了玉米进口到岸完税价低于国内市场价格的价格

倒挂现象，小麦最早在2009年出现了进口到岸完税价低于国内市场价格的情况。到了2012年，国内三大主粮开始呈现出全面倒挂态势（见表7—8）。以大米为例，2012年1月—10月，我国进口大米数量为198.28万吨。其中，从越南进口的大米数量占到大米进口总量的66.7%，越南大米由于生产成本低廉且连续两年增产，价格优势明显，中国进口其大米每吨价格为3 400元左右，而中国国内市场大米每吨价格达到3 600元甚至更高。

**表7—8　　国内外三大主粮的价格比较情况**

| 年份 | 大米 | | 小麦 | | 玉米 | |
|---|---|---|---|---|---|---|
| | 进口数量（万吨） | 国内外价格比（%） | 进口数量（万吨） | 国内外价格比（%） | 进口数量（万吨） | 国内外价格比（%） |
| 2004 | 76 | 111 | 726 | 104 | 0 | — |
| 2005 | 52 | 126 | 354 | 101 | 0 | — |
| 2006 | 73 | 130 | 61 | 108 | 7 | 142 |
| 2007 | 49 | 135 | 10 | 143 | 4 | 119 |
| 2008 | 33 | 158 | 4 | 160 | 5 | 98 |
| 2009 | 36 | 137 | 90 | 86 | 8 | 132 |
| 2010 | 39 | 145 | 123 | 88 | 157 | 108 |
| 2011 | 60 | 117 | 126 | 105 | 175 | 63 |
| 2012 | 237 | 76 | 370 | 87 | 521 | 57 |
| 2013 | 227 | 81 | 554 | 93 | 327 | 89 |

注：表中的国内外价格比是指粮食进口到岸价格与国内市场价格之比。

资料来源：《2004—2013年中国粮食发展报告》。

除了三大主粮以外，其他农产品也出现了国内外价格倒挂现象。以棉花为例，2012年，我国从国外进口的棉花价格大大低于国内棉花的市场价格，自国外进口的棉花价格为每吨14 000元，自印度进口的棉花到岸含税价格甚至低到每吨13 000元，而国内

市场棉花价格为每吨 18 500 元，比国外进口棉花的价格每吨要高 4 500～5 500元。2015 年，我国农产品国内外价格倒挂现象仍然存在，根据 2015 年 1 月到 9 月的平均价格，我国小麦批发价比关税配额内进口到岸完税的国外小麦成本价大约高出 37%，大米价格高出 42%，玉米价格高出 51%，其中，稻米、小麦、玉米和大豆的国内外价差分别为 0.6 元/斤、0. 51 元/斤、0. 37 元/斤、0. 78 元/斤。目前，我国粮棉油糖肉等主要农产品的国内市场价已全面高于国外产品配额内进口到岸税后价，有些产品甚至一度高于配额外进口到岸税后价，农产品价格倒挂现象不断持续。随着资源环境约束加剧和农产品供需结构进一步失衡，未来利用国际市场调节国内余缺的趋势不会改变，部分农产品的进口总量可能进一步增加，自给率可能进一步下降。但统筹利用“两种资源、两个市场”保障农产品有效供给还面临诸多挑战。首先，国内贸易保护政策对农产品进口的调控有限。我国农产品的平均关税只有世界的 1/4，特别是关税配额管理在 2020 年将完全取消，依靠贸易政策调节进口规模和节奏的作用有限。其次，目前国内外农产品价差扩大的趋势不可逆转，托市政策往往导致“托国内、收世界”和价格“天花板”现象明显；“四补贴”总额已经超过 1 700 亿元，受 WTO 谈判中特定农产品支持总量的约束，通过增加补贴降低成本、平衡国内外价格倒挂的空间已基本不存在。再次，农业“走出去”难度大。全球优质农业生产资源已几乎被瓜分殆尽，很难开发未利用资源，“走出去”人才缺乏、资金不足，打造全球农产品供给链的难度越来越大。此外，我国国际贸易“大国效应”明显，买什么什么贵，卖什么什么贱，过度依靠国际市场保证国内需求的风险极大。

第七，强农惠农富农政策受宏观经济和财政收入的制约，已经达到政府支持效能递减的临界点。我国财政支农历经十年持续大幅增长，基本实现了支农投入总量持续增加、比例稳步提高，对我国粮食等重要农产品的生产及农民增收发挥了重要的支撑作用。2013 年中央财政“三农”支出超过 1.37 万亿元，与 2003 年比翻了四

倍。据测算，2007年之后，到户的农业补贴增量与粮食产量增幅相关性已接近于零。现有的农业投资项目小散乱杂、多头管理，一直没有形成有效合力，资金利用效率较低；部分农业补贴政策的对象不甚明确、方式不尽合理，与农业生产脱钩，补贴效能较低；价格政策存在逆向调节现象，不仅没有达到预期目标，反而在一定程度上加剧了市场波动。此外，在农业生产成本不断上升、农业比较效益持续下降、资源环境压力日益趋紧的新形势下，农业补贴政策的效果由强变弱，甚至有一些补贴政策已经难以适应农业发展的新要求。以最低收购价政策为例，我国粮食价格在最低收购价政策的支撑下，连续多年保持上涨态势。2008—2014年，我国粮食最低收购价格连续六年上涨，成为粮价上涨的重要支撑。“托市收购”加上专项粮食储备使粮食的“政策市场”越来越大，而市场调节的空间却相对萎缩。同时，储备粮采用竞价方式顺价销售，进一步强化了“托市价格上调、销售价格跟涨”的局面。当前国内外粮食价格倒挂导致粮食大量进口，国内生产成本居高不下，单纯依靠提高托市收购价格保证农民种粮积极性的空间越来越小，效应也越来越小，国际农产品价格在某种程度对国内农产品价格形成“天花板”效应，而我国农产品生产成本则形成“地板”效应，如今“天花板”在不断地压下来，而“地板”在不断地上升，农业补贴政策可以发挥的空间在逐步缩小。再者，从农民收入增长结构看，当前我国农民收入已经形成了工资性收入与家庭经营收入双增长的基本格局，但工资性收入占总收入的比重正大幅上升，而家庭经营收入的占比在不断下降。与1990年的情况相比，2013年农户家庭经营收入占总收入的比重从82.4％下降到42.6％，工资性收入的占比从不足15％上涨到45.3％，工资性收入的占比首次超过家庭经营性收入的占比，成为农民的第一大收入来源。2013年，农民人均收入中来自种植业的收入占总收入的比重不到1/4，但现行的农业政策，无论是各部门的支农项目还是“四补贴”，主要目的都在于强化和支持农业生产经营，即农业政策的导向和着力点仍然局限在种

植业。随着城镇化和农地流转的加速，城乡劳动力市场逐步完善，农民职业化程度大幅提高，农民的工资性收入必将进一步增长，其对农民经营决策的影响将继续加大，未来农民可能会越来越多地去追求工资性收入的增长。如果支农政策不能及时对此做出调整，那么将会导致以增加农民种植业收入为目标的各种农业补贴的效果越来越低。最后，我国农业补贴在具体执行中大多按照农户家庭耕地面积进行发放，实际上成为一种收入补贴，对提高农业生产力的效果有限，特别是在涉及面最广的“四补贴”中，除了农机具购置补贴外，其他三项（良种补贴、种粮农民直接补贴、农业生产资料综合补贴）都是和农户第二轮承包土地的面积挂钩的，与种粮产量并没有直接关系。根据农业部公布的数据，截至 2014 年 6 月底，全国通过各种方式流转的土地达到 3.8 亿亩，流转后土地的使用效率大大高于流转前，但得到流转土地的农业生产者却无法获得补贴。

## 第三节　“十三五”期间农业发展的机遇

一是新常态下我国经济总体向好、稳中有升的基本面没有改变，经济发展调速不失势、量增质更优。根据《2014 年国民经济和社会发展统计公报》，2014 年我国国内生产总值为 63.64 万亿元，同比增长 7.4%。尽管这是进入 21 世纪以来我国 GDP 增速最慢的一年，比过去的高速增长略有减缓，但既没有出现所谓的“经济硬着陆”，也没有失去全球经济增长重要引擎的地位。从全球各个主要经济体的发展情况看，我国 GDP7.4%的增速仍位于前列，而且值得注意的是，我国 2014 年 GDP7.4%的增速对应的经济增量约为 5 万亿美元，经济增量超过我国 1994 年的 GDP 总量，这意味着现阶段我国的经济增量的含金量更高。此外，根据国家统计局公布的数据，2014 年，我国全部工业增加值为 227 991 亿元，较 2013

年增长7%，规模以上工业增加值增长8.3%，高技术制造业增加值比2013年增长12.3%，占规模以上工业增加值的比重为10.6%；装备制造业增加值增长10.5%，占规模以上工业增加值的比重为30.4%。从产业结构看，2014年第三产业增加值比2013年增长8.1%，占GDP的比重为48.2%，比2013年提高1.3个百分点。此外，我国全年社会消费品零售总额同比增长12%，最终消费对经济增长的贡献率超过资本投资对经济增长的贡献率，成为经济增长的第一大驱动力。数据显示，我国产业结构正在逐步优化，产业转型升级正在不断改善，经济增长动力正在向国内消费驱动转变，经济运行质量效益不断提升。同时，我国资源使用效率正在不断提升，由过去的高投入、高消耗的经济增长方式向高技术、低消耗的集约型发展方式转变。2014年我国平均每一万元GDP能耗比2013年下降了4.8%，每一万元GDP耗水量为112立方米，较2013年减少了6.3%，劳动生产率为72 313元/人，比2013年提高了7%。劳动生产率与平均每一万元GDP能耗“一增一减”的数据表明我国经济发展的效率正在不断提高，经济正处在向中高端演化的过程。在人民生活就业方面，2014年我国城镇新增就业人口1 322万人，物价指数基本保持稳定，粮食生产取得“十一连增”的佳绩，凸显出我国经济增长平稳、结构优化、质量提升、民生改善的运行全景。

二是在国家政策支持方面，中央始终坚持把解决好“三农”问题作为全党工作的重中之重，在工业化、信息化、城镇化深入发展中同步推进农业现代化。从2004年开始至2015年，中共中央、国务院连续12年发布以“三农”为主题的一号文件，强调农业问题的重要战略地位，并从2005年取消农业税开始，我国政府不断实施反哺农业的政策，采取粮食最低收购价、临时收储等支持政策与粮食直补、良种补贴、农资综合补贴与农机具购置补贴的农业“四补贴”制度，以及农业科研与推广和农业基础设施建设等措施，每年补贴农业总额不断上升，形成了一个“综合补贴和专项补贴相结

合”的农业补贴支持政策体系，对保护农民的种粮积极性、促进农业生产稳定发展、保障我国粮食安全发挥着重要的支撑作用。国家对农民的直接补贴资金额度从 2004 年的 145.20 亿元增加到 2013 年的 1 675 亿元。对农民持续的大幅补贴极大地调动了农民的种粮积极性，使得我国粮食播种面积不断扩大，粮食产量逐步提高，可以说，农业补贴政策有效保障了国家粮食安全。此外，中共中央总书记习近平指出，“十三五”时期，全党必须坚持把解决好“三农”问题作为工作的重中之重，积极推进农业现代化，扎实做好脱贫开发工作，着实提高社会主义新农村建设水平。作为一个农业大国，我国的农村人口占全国人口的七成以上。农业、农村、农民始终是国家安定和改革发展的基础与依靠。只有强其重中之重的地位，才能确保饭碗任何时候都牢牢端在自己手中；只有强化其“重中之重”地位，才能补齐全面小康的短板；只有强化其重中之重的地位，才能激发“三农”的发展活力。可以说，解决好“三农”问题在未来一段时间内仍是我国经济社会发展工作的重中之重。

表 7—9 汇总了 2004—2015 年我国的中央一号文件。

**表 7—9　　　　2004—2015 年我国中央一号文件汇总**

| 年份 | 中央一号文件 |
|---|---|
| 2004 | 《中共中央国务院关于促进农民增加收入若干政策的意见》 |
| 2005 | 《中共中央国务院关于进一步加强农村工作提高农业综合生产能力若干政策的意见》 |
| 2006 | 《中共中央国务院关于推进社会主义新农村建设的若干意见》 |
| 2007 | 《中共中央国务院关于积极发展现代农业扎实推进社会主义新农村建设的若干意见》 |
| 2008 | 《中共中央国务院关于切实加强农业基础建设进一步促进农业发展农民增收的若干意见》 |
| 2009 | 《中共中央国务院关于 2009 年促进农业稳定发展农民持续增收的若干意见》 |
| 2010 | 《中共中央国务院关于加大统筹城乡发展力度进一步夯实农业农村发展基础的若干意见》 |

续前表

| 年份 | 中央一号文件 |
| --- | --- |
| 2011 | 《中共中央国务院关于加快水利改革发展的决定》 |
| 2012 | 《中共中央国务院关于加快推进农业科技创新持续增强农产品供给保障能力的若干意见》 |
| 2013 | 《中共中央国务院关于加快发展现代农业进一步增强农村发展活力的若干意见》 |
| 2014 | 《中共中央国务院关于全面深化农村改革加快推进农业现代化的若干意见》 |
| 2015 | 《中共中央国务院关于加大改革创新力度加快农业现代化建设的若干意见》 |

三是随着农业农村改革的深入推进，市场在资源配置中的决定性作用得以发挥，为农业农村的经济发展注入了新的活力。“十二五”期间，我国政府不断深化农业农村管理改革，在农业市场化建设上取得了突出的成绩。(1) 随着家庭农场、农民合作社、种养大户以及农业龙头企业等新型经营主体的不断发展，基本确立了各类农业生产经营者的市场主体地位。截至 2014 年年底，我国拥有的家庭农场超过 80 万家，农村合作社超过 120 万家，土地使用面积超过 50 亩的农业专业大户超过 120 万家，农业龙头企业超过 12 万家。(2) 随着市场机制的不断完善以及各种市场流通壁垒的逐步消除，我国农业生产要素基本实现市场配置，农业劳动力、资金、技术等生产要素的使用效率不断提高。目前我国土地流转率已经达到 30%，其中主要是农民之间的流转，工商资本流转的土地大约占到 10%。(3) 随着由农贸批发市场、区域性市场以及期货市场三者共同组成的现代农产品市场体系的不断发展，我国农产品市场定价机制正逐步完善。如今我国的农产品可以基本无障碍地实现全国范围流通以及全球范围流通，农副产品收购基本以市场调节价为基准。(4) 我国初步形成了以《农业法》为核心、以相关行政法规为主干的农业法律法规体系，标志着我国农产品市场规章制度建设的不断

完善以及农产品市场准入、监测及监督等制度的基本建立，这将对我国农业的生产、流通与销售领域起到监督规范作用，对促进我国农业产业的可持续发展起到重要的作用。(5) 随着我国以最低收购价、临时收储以及目标价格为主体的价格政策的不断完善，以“四补贴”为主体的农业补贴规模的不断扩大，以农业综合科技创新能力为代表的农业公共投资力度的不断加大，以农业保险为代表的金融保险服务的不断推广，我国的农业宏观调控能力正在逐步提高，农业的可持续生产能力将得到进一步的巩固与改善。

四是通过进一步深化粮棉流通体制改革，推动市场主体多元化发展，全面放开了农产品市场和价格，逐步确立了政府调控市场、市场引导主体的现代管理体制。根据《2014 年中国海关统计年鉴》，“十二五”期间我国农产品进出口贸易额从 2010 年的1 208亿美元增加至 2014 年的 1 945 亿美元，其中，农产品进口额增长较快，由 2001 年的 117 亿美元增长至 2014 年的 1 225 亿美元，年均增长高达 20%，是 21 世纪以来农产品进口额增长最快的国家，同期农产品出口年均增长率只有 12%。自 2011 年起，中国农产品进口总额超过美国，成为全球最大的农产品进口国，同时也是世界第三大农产品贸易国。2014 年，我国鲜活农产品的总产量为 12.4 亿吨，同比增长 3%。随着农产品产量的增加，我国农产品市场的交易规模不断扩大。全国农产品批发市场成交额达 39 785.3 亿元。在国家一系列惠农、支农政策的支持下，各类农产品市场主体快速发展。2014 年，全国共有农产品批发市场 4 512 家，农业产业化龙头企业超过 12 万家，农民合作社 116 万个。随着经济社会的发展，农超对接、电子商务等新型流通模式快速发展，农产品流通模式日益多样化，我国逐步确立了政府调控市场、市场引导主体的现代管理体制。

五是物联网、“互联网+”、大数据、云计算、分子育种等先进技术在农业生产中广泛应用，生态农业、循环农业等理念加快推广普及，为现代农业建设提供了强大的技术动力。农业物联网是指通

过农业信息感知设备，把农业系统中的动植物生命体、环境要素、生产工具等物理部件和各种虚拟“物件”与互联网连接起来进行信息交换，以实现对农业对象和过程的智能化识别、定位、跟踪、监控和管理的一种网络。当前我国农业物联网的发展已初步形成以农业传感器、网络互联和智能信息处理等农业物联网共性关键技术研究为重点，以探测农业生态资源环境，感知大田、果园动植物生命信息，农业机械装备作业调度和远程监控，农产品与食品质量安全可追溯，服务平台集成，标准体系制定等方面为重要应用发展领域，以农业传感器和移动信息装备制造产业、农业信息网络服务产业、农业自动识别技术与设备产业、农业精细作业机具产业、农产品物流产业等为重点战略新兴产业的格局，逐步形成了集关键技术研究、标准制定、产品研发、平台构建、应用示范于一体的发展技术路线。农业大数据有助于农业生产者充分探寻与挖掘各种农业生产资源与生产要素的生产潜力，寻找最合理的要素配置关系以及最佳的使用方法与路径，通过精确计算最优化配置模式来实现农业生产需求变化与资源变化的高度充分融合，做到农业生产的一体化、最佳化与系统化。如今，我国只有通过对高科技大数据的合理运用才能改变过去传统农业以追求产量为主、过分依赖资源消耗的粗放经营方式，实现数量质量效益并重、产出高效、产品安全、环境友好以及资源节约的现代农业生产模式，才能提高我国的农业科技创新能力，提高我国农业生产在全球范围内的竞争力。云计算是未来互联网发展的趋势和方向。其高可靠性、高适用性、高可扩展性以及廉价的特点使得云计算与传统的互联网服务相比，更适用于信息技术应用水平较低的地区。此外，将云技术引入农业信息化领域有助于农业信息平台的建设以及满足我国农业信息资源整合管理的需求，通过建立体系完善的农业信息化网络管理平台可以极大地促进我国农业信息化的推广，从而推动我国现代农业的发展。与此同时，随着“互联网＋”行动计划的提出以及各级政府共同推进农业信息化建设，我国农民的互联网意识不断加强，农产品电商的规模

日益扩大。据中国电子商务研究中心的数据，2014 年全国农产品电商交易额超 870 亿元，较 2013 年的 500 亿元增长了 74%，目前我国已有各类涉农电商 3.1 万家，其中涉农交易类电商有近 1 000 家，阿里巴巴、顺丰优选、京东等大平台相继投入农产品电商，不同程度地推动了农业电商化。据预测，未来五年，我国农产品电商交易额将占农产品交易额的 5%。与传统的农产品销售模式相比，农产品电商省去了销售的中间渠道与环节，缩短了农产品从生产到销售的时间，同时解决了农资下行和农产品上行的流通问题，提高了流通效率，降低了流通成本。发展农产品电商可以促进信息流动、方便产业协调、提高市场透明度、增强农业生产者适应市场的能力。政府如今也在不断重视农产品电商的发展，更多的政策正向农产品电商倾斜，以便将互联网创新成果与农业生产、经营、管理、服务深度融合，加快转变农业发展方式，促进农业产业的转型升级。国务院办公厅在 2015 年发布了《关于促进农村电子商务加快发展的指导意见》，全面部署指导农村电子商务健康快速发展。该意见强调，到 2020 年，初步建成统一开放、竞争有序、诚信守法、安全可靠、绿色环保的农村电子商务市场体系；财政部印发了《农业综合开发扶持农业优势特色产业促进农业产业化发展的指导意见》，鼓励发展“互联网+农业”，积极支持优势特色农产品电子商务平台建设；国务院公布了《关于积极发挥新消费引领作用加快培育形成新供给新动力的指导意见》，表示支持各类社会资本参与涉农电商平台建设，促进线下产业发展平台和线上电商交易平台结合。巨大的市场潜力以及国家政策的大力支持为我国农产品电商发展提供了良好的机遇与条件。

六是国家在推进农业现代化进程中坚持大胆探索、试点推进、区域示范，各地不断探索现代农业建设的模式和路径，为实现农业现代化积累了丰富的经验。自 2010 年中央一号文件提出创建国家现代农业示范区的部署后，农业部按照严格标准、严格程序、严格审核的原则先后通过以及认定了三批国家级现代农业示范区，示范

区总数达到283个，目的在于通过“立标杆、作示范”的方式带动全国其他地区加快现代农业建设，提高现代农业发展水平。“十二五”期间，我国农业示范区的经济发展水平在不断提高，各项经济指标都位于所在区域的前列，真正起到了示范引领作用。根据《2014国家现代农业示范区建设水平监测评价报告》，“十二五”期间我国的现代农业示范区的现代农业建设在全国范围内处于领先地位，综合生产能力在所在区域处于突出地位，整体呈现出农业生产能力强、资源使用效率高、基础设施建设完善以及持续发展后劲足的特点，具体表现在以下几个方面：（1）现代农业发展水平不断提高。2014年，我国153个示范区的粮食总产量达到2 831亿斤，占全国粮食总产量的1/5以上，现代农业发展水平持续高于全国其他地区，其中，农民人均纯收入超过13 000元，增幅高达10%，超过全国平均水平。农业示范区的粮食单产为467公斤/亩，较全国平均水平高30%，劳均农林牧渔业增加值达到2.9万元，比全国平均水平高的20%，农民人均纯收入达到1.2万元，远超全国平均水平。（2）现代农业示范区的物质装备水平不断提高。2014年，我国农业示范区的高标准农田面积占比达到51.7%，农业示范区农作物耕种收综合机械化水平达到76%，较全国平均水平高出15个百分点，意味着示范区农业机械化得到大面积的推广，开始进入成熟发展的新阶段。（3）现代农业示范区的农业经营管理不断改革创新。根据最新的数据，我国农业示范区的土地适度规模经营占比为55.5%，农户参加农民合作社的占比为46.4%，规模化畜禽养殖的占比为63.7%，以集体经营、企业经营以及合作经营为主的创新型农业经营方式正在不断完善推进。（4）一些现代农业示范区逐渐形成了一批具有代表性的建设模式，例如黑龙江垦区现代化大农业建设模式、贵州省湄潭县山区特色农业建设模式、陕西延安市节水生态农业建设模式、浙江省慈溪市“两区”农业建设模式以及天津市武清区都市农业建设模式等，这些示范区不仅自身建设和发展速度快，起到了良好的示范带动作用，而且通过建立健全区域

合作交流机制带动了周边其他地区的发展。建设国家现代农业示范区是党中央、国务院做出的重要部署，是探索中国特色农业现代化道路的重要举措。“十三五”期间，我国仍将坚持推动国家现代农业示范区的建设，推动我国农业现代化水平不断提高。

七是“一带一路”建设将为中国农业全球战略提供支撑。“一带一路”是丝绸之路经济带和21世纪海上丝绸之路的简称。“一带一路”战略是目前我国最高的国家级战略。国家发改委、外交部、商务部在2015年3月联合发布《推动共建丝绸之路经济带和21世纪海上丝绸之路的愿景与行动》，提出发挥新疆独特的区位优势和向西开放重要窗口的作用，深化与中亚、南亚、西亚等国家的交流合作，形成丝绸之路经济带上重要的交通枢纽、商贸物流和文化科教中心，打造丝绸之路经济带核心区。可以说，“一带一路”战略是一个在全球范围内对合作发展理念的倡议，它主要依靠中国与沿线国家既有的双边和多边机制，借助区域合作平台来推进合作发展。“一带一路”战略的愿景是与各方共同打造政治互信、经济融合、文化包容的利益共同体、命运共同体和责任共同体。如今，“一带一路”战略构想为我国农业发展带来了重大的历史机遇，它为我国农业的对外开放与全球化战略提供了重要的支撑，对我国的重要农产品供给与国家粮食安全产生了重要的影响，具体表现在以下几个方面：（1）“一带一路”战略可以促进我国与沿线国家（地区）的农业食品产业进行产能合作。在农业食品的国际产能合作的大背景下，我国可以更好地实现国内农业食品产业的价值链延伸，通过投资、建设与合作等方式形成覆盖“一带一路”区域的农业供应链，提高我国农业食品产业的发展水平，促进我国农业食品产业转型升级，增强我国农业食品产业在全球范围内的竞争力。（2）通过“一带一路”战略，我国可以实现与周边国家（地区）农业资源的互补。通过实施新型国际农业合作战略，我国与沿线国家地区可以充分发挥各自的农业资源优势，提高农业科技水平以及增强农业综合生产能力，这有助于增加粮食供给，保障我国的粮食安全。

(3) 通过“一带一路”战略，我国与沿线国家（地区）可以在区域合作框架下，逐步形成高水平的自贸区网络，建立稳定、公平、合理的区域农产品市场体系，使沿线各国家（地区）能够分享农业经济增长带来的利益。

## 第四节 “十三五”期间农业发展的挑战

从外部挑战看，一是国际经济环境发生深刻变化，其对国内农业农村经济发展的影响的不确定性加大。预计“十三五”期间全球经济好于“十二五”时期，但受世界经济再平衡和大国博弈的影响，国际竞争比以往激烈，世界经济复苏对我国经济的带动作用比以往有所减弱，势必影响农产品需求和农民就业；全球贸易保护主义抬头，区域贸易自由化有取代全球贸易自由化之势，TPP、TTIP等区域性贸易谈判加快推进，全球经贸主导权竞争日益激烈，我国在国际农业贸易竞争中被边缘化的风险加大。以TPP为例，它是一项从2002年开始酝酿的多边自由贸易协定，旨在促进亚太地区的贸易自由化。TPP协议强调贸易自由化和农产品零关税，其中在农业方面的谈判包括动植物检验检疫统一规范、知识产权保护、生态环境保护、透明和反腐与监管、劳动者保障以及企业公平竞争等。可见，TPP已从传统狭义的贸易协定拓展成为现代广义的贸易协定。TPP对我国农业存在潜在冲击，主要体现在以下几个方面：(1) 现在美国阻碍我国加入TPP谈判，并拒绝我国参与TPP规则的制定，压缩我国在规则制定上应有的发挥空间。(2) TPP新规则的贸易自由化和农产品零关税对我国农业有重要的影响。我国的粮食生产成本较高，粮食安全主要建立在现有进口关税以及配额制度的保护的基础上，如果我国的粮食关税下调或关税配额增加，那么粮食安全将会面临国外粮食进口的不

断冲击。在未来全球经济融合一体化发展的情况下，我国粮食安全问题将不仅取决于我国的粮食生产能力，而且取决于我国的粮食国际竞争力。

二是国际大宗商品供求格局发生深刻变化，可能对农产品生产、价格和贸易产生深远影响。在国际市场上，2008 年爆发全球金融危机后，世界各国基本都采取了强有力的财政和金融刺激政策，在货币超额供给的情况下出现了大宗商品价格普涨的情况，全球经济出现一轮明显的通货膨胀，粮食价格也随之提高，但随着全球经济复苏进度缓慢，加上美元强势，大宗商品的价格明显下挫，粮食价格也是如此。以玉米为例，从 2012 年开始，巴西的玉米价格呈下降趋势，2014 年巴西的玉米价格比 2012 年下降了 52%；美国的小麦价格从 2012 年开始下降，2014 年美国的小麦价格比 2012 年的价格下降了 23%；越南大米的价格从 2011 年开始逐年下降，2013 年越南的大米价格比 2011 年的价格下降了 7%，同期中国的大米价格上涨了 22%。此外，全球石油价格正在不断下跌，2015 年石油价格约为 2008 年价格最高峰时的 1/5。此外，发达国家页岩气、生物质能源的开发进程明显加快，正悄然推动能源革命。2009 年以来，美国凭借先进的开采生产技术成为世界上唯一实现页岩气大规模商业性开采的国家。得益于页岩气产量的快速增加，2009 年美国的天然气产量首次超过俄罗斯，成为全球第一大天然气生产国。美国的“页岩气革命”加快了全球油气生产中心西移、消费中心东移的趋势。在过去，传统的油气生产中心主要集中在东半球的俄罗斯、中东与西非的部分国家，但随着近年来美国页岩气的崛起，西半球逐渐成为世界油气的供给方。美国的“页岩气革命”正在推动美国工业复兴。得益于页岩气的低成本开采，美国天然气的生产成本较低，间接赋予了美国企业巨大的竞争优势。美国的“页岩气革命”正推动世界油气地缘政治格局的结构性调整。由于能源自给率不断提高以及对国际能源市场依赖度不断降低，美国在世界政治格局中的地位得到显著提升，而中东产油国及俄罗斯对

世界油气市场的影响力减小，这可能引发全球地缘政治格局的重大变化。在生物质能源方面，生物质能源开发进程的不断加快正影响玉米、糖料等农作物向燃料乙醇的转化。目前各国主要发展的是第一代生物质能源，主要使用的原料为玉米、小麦、糖类和油料等。从2003年以来，全球生物质能源发展规模急剧扩大，仅在2007年，世界各国的液态生物燃料产量高达3 600万吨，其中生物柴油为7.56万吨，乙醇汽油为2 857万吨。美国作为世界上最大的粮食生产和出口国，其生物质能源战略影响着国际粮食供给。根据统计资料，因大规模发展生物质能源，美国三大粮食作物的种植结构发生了较为明显的变化。与2003年相比，2013年美国三大作物的总种植面积增加了6.5%，其中稻谷的种植面积减少了17.7%，小麦的种植面积减少了14.9%，但玉米的种植面积却增加了23.6%。生物质能源的发展从三个方面影响着世界各国的粮食安全。（1）总量效应。21世纪以来，由于生物质能源的发展耗费了大量的玉米、小麦和粗粮，因而虽然全球小麦、玉米和大米的总产量在不断增长，但世界食用粮的供给仍然在下降。以美国为例，作为世界上最大的粮食出口国，2003年美国的三大粮食出口量占世界总出口量的比重是31.8%，2011年该数字则降至27.8%。（2）结构竞争效应。以美国为例，由于目前美国的生物质原料以玉米为主，玉米种植面积大幅增加，产量增长明显，而小麦和其他粮食作物的产量不断减少。（3）示范效应。由于美欧和巴西等对生物质能源进行大规模发展，因而出于对未来能源市场的担忧，印度、马来西亚等发展中国家已经开始发展生物质能源，农业资源极度稀缺的日本和韩国也制定了庞大的生物质能源发展计划。综上可见，生物质能源的大规模发展已经给世界粮食安全造成了较严重的影响，且未来的影响会更大。除此以外，如图7—1所示，美元指数从2014年中期持续走强，在美元坚挺的背景下，受投机需求减少及地缘政治等因素的影响，国际农产品的供求格局发生了深刻的调整，使得国内农产品市场的变化加剧。

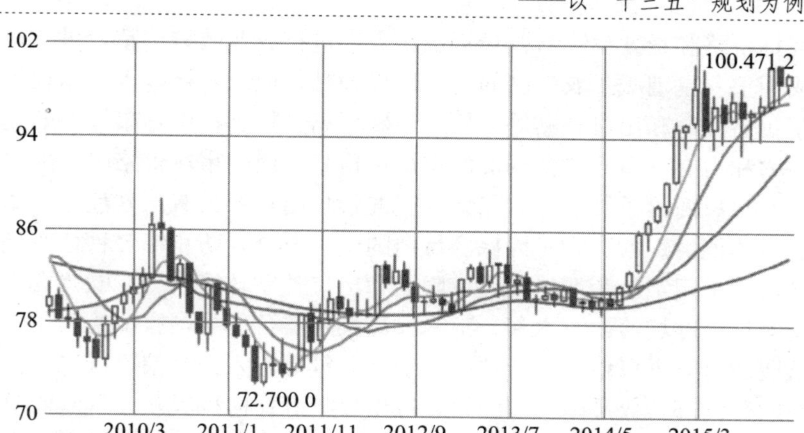


**图 7—1　美元指数走势**

三是世界主要国家的农业政策发生了深刻变化，可能增大农产品贸易风险。美国、欧盟、日本都开始实行新一轮的农业政策，采取更为市场化的方式完善农业调控与管理，进一步加大对农民收入的支持力度，支持保护手段更加隐蔽，一定程度上对我国造成了压力，可能加大我国农业面对的风险。以美国为例，为了巩固其在世界粮食市场上的霸权地位，通过长时间的不断调整，美国政府明确了完整的粮食安全霸权策略，主要是以国内法案为基础，以大量补贴和技术专利为手段，以美元为支撑，以粮食贸易自由化为切入点，以对发展中国家的粮食援助为辅助工具，通过在全球低价倾销挤垮发展中国的粮食产业，使发展国家丧失粮食自给能力。在农产品贸易自由化过程中，美国一方面与欧盟及 G10 集团争得难解难分，极力主张削减农产品出口补贴和取消边境保护，另一方面却又通过更全面、更完整的立法对农业展开更大规模的保护。2008 年 9 月金融危机爆发后，美国的贸易保护主义急速抬头，以美国新的农业法案为例，该法案不仅延续了以往的固定直接补贴、营销支援贷款、反周期补贴以及贷款差额补贴等措施，而且提高了部分商品的

目标价格和贷款率。欧盟最近也正着手进行农业政策调整，虽然从表面上看是削减了农产品的直接出口补贴，但以直接收入补贴代替了价格补贴和出口补贴等政策，不断提高其粮食在国际市场上的竞争力和占有率。当欧盟内部的市场价格高于国际市场价格时，欧盟会对出口商给予补贴，以保证欧盟的粮食出口商具有与其他出口商竞争的能力。欧盟为了确保区域内的粮食安全，防止粮食种植受到冲击，采用了较为严格的进口限制和出口补贴政策。(1) 欧盟对小麦实行全球配给，对木薯、玉米、高粱则实行部分国家配给。尽管欧盟通过对进口粮食实行“门槛价格”等措施来控制粮食进口，但在欧盟内部，成员国之间的粮食进出口没有任何税收。(2) 欧盟对农产品的出口补贴非常多，补贴主要集中在向发展中国家输出的农产品上，这扭曲了国际粮食贸易机制，导致世界市场的农产品供应过剩、进口国市场的农产品价格下跌和进口国的农产品竞争力下降。为规避贸易摩擦，日本政府一方面积极遵守协定，逐步减少农产品的关税、进口限制、价格补贴，另一方面则对主粮产品实行高关税政策，并设置各类贸易壁垒。例如，零关税的农产品占23.9%，10%以下关税率的农产品占51.9%，农产品整体的关税率仅为11.7%，低于欧盟20%的关税水平。同时，为了缓冲进口农产品对国内市场的冲击，日本对大米实施二级税率，对市场准入量范围内的大米实行低进口关税，对超过部分征收高关税。大米总体的关税率已达到406%。日本是进口大国，考虑到国内粮食生产能力有限，世界上粮食进口国多、出口国少的实际，为防止因进口地单一化而受制于人，其鼓励粮食贸易主体与进口地多元化，坚持走进口渠道多样化道路。除了与许多国家签订长期进口粮食的协议之外，日本还对发展中国家直接提供技术援助，促进其农业发展，为从这些国家引进食品创造机遇。同时，日本通过在国外建立农业企业的方式解决粮食进口问题，达到实现进口粮食基地多样化的目的。在发达国家（地区）中，日本政府对农业的补贴仅次于欧盟。

四是我国经济发展正处于“三期叠加”的阶段，经济发展对农业现代化和新农村建设的促进和带动作用有可能减弱。“三期叠加”是指经济增长速度换挡期、结构调整阵痛期、前期刺激政策消化期的叠加。经济增长速度换挡期是指我国经济增长速度正由高速增长向中高速增长换挡的发展时期；结构调整阵痛期是指我国经济由主要依靠投资、出口拉动转向更多地依靠消费拉动的时期，这是一个艰难的调整过程；前期刺激政策消化期是指我国如今正处于消化经济刺激政策所带来负面影响的时期。在“三期叠加”阶段，消化产能、调整结构的任务十分艰巨，形势错综复杂，不仅影响农产品市场需求、农业生产、农村劳动力转移、就业数量和工资水平，而且可能导致工业化对农业现代化的促进作用减弱，城镇化对新农村建设的带动作用减弱。我国的农业也正处于“三期叠加”所带来的困境。(1) 农业增长速度换挡期。当前虽然我国粮食生产喜获“十一连增”，但是从整体上看，我国粮食生产的增长幅度正在逐年减小，粮食生产工作正进入稳定发展期。在这个时期，粮食生产的增长速度从“高歌猛进”变成“波澜不惊”，就像一辆高速行驶的列车忽然减慢速度，这必将带来一系列问题，原来高速发展过程中所隐藏的矛盾也将集中暴露出来。一方面，农业生产受到越来越大的资源约束，土地面积每年减少数百万亩，耕地土壤环境质量恶化，水资源日益短缺，农民“老龄化”问题日益严重；另一方面，随着工业化城镇化步伐的加快、人口总量的增加，对粮食的需求刚性增长，预计到2020年我国粮食需求总量将达到1.4万亿斤，在粮食产量已经达到1.2万亿斤这个高水平的基础上，如何保持每年增产300多亿斤是一个难题。(2) 农业结构调整阵痛期。随着我国经济步入“新常态”，农业发展进入新阶段，农业综合生产成本快速上涨，农产品供求结构性矛盾日益突出，对外依赖程度提高，保障国家粮食安全和重要农产品有效供给的任务面临严峻挑战，因此，农业必须适应新形势的需要，加快新一轮的农业结构调整，基于新优势制定新的发展战略。随着我国农业生产力水平的提高，农产品供求关系

逐步从卖方市场向买方市场转变，农业发展的主要制约因素由过去单一的资源约束变为资源和需求的双重约束，农产品的结构和质量问题成为当前农业发展的突出矛盾。随着城乡居民生活水平由温饱向小康迈进，消费结构发生了很大变化，对优质农产品的需求明显上升，并且表现出农产品需求多样化的特点。面对这种市场需求的变化，迫切需要农业生产从满足人民的基本生活需求向适应优质化、多样化的消费需求转变，从以追求数量为主向数量、质量并重转变。随着全球经济一体化进程的加快，农业的国际化趋势越来越明显，特别是我国加入 WTO 后，农业的国际化进程大大加快。根据国内和国际两个市场的需求来安排农产品的生产，利用国内和国际两个市场的生产资源来调整优化农业结构，有利于扬长避短发挥优势，提高我国农产品的国际竞争力。从目前看，由于供求关系的变化，依靠增加农产品数量或提高农产品价格来增加收入的潜力已经不大。而调整优化农业产业结构，提高农产品的质量和档次，发展名特优新产品，一方面可适应市场优质化、多样化的需求；另一方面可以提高农业的经济效益，增加农民收入。人多地少是我国的基本国情。我国农业资源一方面相对短缺，开发利用过度；另一方面配置不合理，利用率不高，浪费严重。通过调整优化农业结构，充分发挥区域比较优势，挖掘资源利用的潜力，实现资源的合理配置，提高资源开发利用的广度和深度，就可以使资源的有效利用与合理保护相结合，促进农业的可持续发展。（3）农业前期刺激政策消化期。我国实行的粮食最低收购价对托起粮食价格和市场、保护农民利益起到了根本性的保护作用。但是，这也使粮食市场价格“托底”信号显著，对粮价“只涨不跌”的预期增强，粮食价格形成机制及市场价格信号被扭曲，粮食市场呈现出“政策化”趋向。由于我国粮价市场形成机制不健全、不完善，因而目前最低收购价就有意无意地起到了市场参考价的作用，形成了“风向标”和“标杆效应”，加之托市粮食竞价销售体制不顺、机制不活，对市场预期的干扰太大。我国粮食价格在最低收购价政策的支撑下，连续多

年保持上涨态势。2008—2014 年，我国粮食最低收购价格连续六年上涨，成为粮价上涨的重要支撑。我国小麦市场 2006 年开始实行最低收购价政策，从 2008 年至 2014 年国家已经连续七年提高小麦的最低收购价格，国标三等白麦收购价由 2006 年的 0.72 元/斤提高至 2014 年的 1.18 元/斤。同时，储备粮采用竞价方式顺价销售，进一步强化了“托市价格上调、销售价格跟涨”的局面。根据农业部的数据，在最低收购价政策的支持下，我国的小麦和玉米价格在近六年的上涨幅度超过 60%，籼稻价格的上涨幅度超过 90%，而粳稻价格的上涨幅度更是超过 100%。目前，我国整个农产品价格形成机制已经到了非改不可的地步，在保护农民利益的前提下，应逐步用以农产品为基础的目标价格补贴替代最低收购价格政策。

五是我国经济发展进入“新常态”，财政支农增量大幅提高的可能性减小。随着经济增长由高速转为中高速，财政收入增幅回落较大，尽管中央明确表示“不管财力多紧张，都要确保农业投入只增不减”，但是涉农资金统筹整合、集中使用已经成为农村改革的关键环节，在农业农村发展调结构、转方式的过程中要做好“过苦日子”的准备。根据财政部公布的数据，我国预算内财政收入由 2000 年的 1.34 万亿元增至 2012 年的 11.72 万亿元，年均名义增长率约为 20%，在扣除通货膨胀因素影响后实际增速也高达 15%，远超同期的 GDP 增长率。同时，财政收入占 GDP 的比例从 2000 年的 14%上升到 2012 年的 23%，这一比例创了自 1994 年分税制改革以来的新高。然而，从 2013 年开始，我国的财政收入增幅不断增大的态势开始逆转，随着我国经济增长的减缓，全国财政收入增幅也出现同步下跌。根据最新的数据，2015 年上半年，我国一般公共预算收入为 79 600 亿元，同比增长 6.6%，其中，中央一般公共预算收入为 35 948 亿元，同比增长 4.7%；地方财政一般公共预算收入为 43 652 亿元，同比增长 8.3%；全国一般公共预算收入中的税收收入为 66 507 亿元，同比增长 3.5%。财政部指出，2015 年上半年全国一般公共预算收入增幅偏小。从收入方面看，基层政

府财政收入增速下降趋势明显，财政收入质量不高。受煤炭等大宗商品价格持续走低的影响，山西基层政府财税收入下滑情况严重，仅在2015年的上半年，山西省就出现了大部分县级政府的财政收入下降的情况，其中有50个县的财政收入降幅高达20%以上。从区域看，中部、西部以及东北地区，或者依赖资源、重化工业税收，或者在税源过于单一的情况下更多地依赖房地产税收，目前压力普遍较大。受财政收入持续下降的影响，财政支出刚性增长压力加大，尤其在县级财政这一层面，甚至出现了欠发工资的情况。

## 第五节　本章小结

政策的科学编制和实施必须依赖于现有的社会、经济、制度环境。只有事先分析现有的环境基础，才能制定合理的、有针对性的政策措施。本章以“十三五”规划为例，具体分析了农业发展环境和条件的深刻变化，为后续规划政策的科学编制奠定了基础。

本章采用SWOT分析法对现阶段农业发展遇到的优势、劣势、机遇和挑战逐一进行了考察。研究结论如下：首先，我国农业产量连年增长，农民收入持续增加，农业机械化水平不断提高，新型农业组织开始引领农业发展新模式，这些构成了我国农业现阶段的优势，这些优势对农业现代化发展至关重要；其次，农业发展也有其自身的劣势，比如资源环境恶化、农业生产成本上升、农产品供求失衡、农业比较效益偏低、国际贸易处于劣势、政策支持效果不再明显等，面对劣势需要改变传统的支农政策思维，积极推进发展现代的、新型的农业；再次，稳定的基本面、持续的政策支持以及技术创新等是农业发展难得的优势所在，为推进农业现代化发展奠定了重要基础；最后，国际国内经济环境都在历经大的变革，在农业农村发展调结构、转方式的过程中要做好“过苦日子”的准备。

# 第八章 研究结论和政策建议

规划作为对未来整体性、长期性、基本性问题的思考，是设计未来行动的一整套方案，在我国从计划经济向市场经济的转型过程中，其作为政府干预市场的重要工具，已日益受到中央和地方各级政府的高度重视。但在规划实践领域与规划的重要性不相符合的是，目前关于规划实施效果的评估与绩效评价体系还不完善，现有的规划监测评估体系也存在诸多的局限性，尤其是有关涉农规划对农业发展的影响的研究尚不多见。本书正是在上述有关规划的研究背景下，通过构建相关的经济学和管理学模型，尝试回答了规划引导对我国农业发展的影响这一关键性问题。本章在前文各章节的基础上，提炼出了本书的基本研究结论，同时基于这些结论，深入阐释了其政策含义。

## 第一节　基本结论

本书在借鉴国内外有关规划内涵、规划体系等的研究成果的基础上，从理论分析和实证研究两个方面重点分析了规划引导对我国农业发展的影响。基于这些研究，本书主要得到了以下结论。

第一，规划在我国经济发展的过程中具有举足轻重的地位。我国自实行市场化经济改革以来，计划经济不断向市场经济深入发展，市场经济日趋成熟，而规划作为政府对市场进行干预的重要手段，日益受到从中央到地方各级政府的高度重视。不过，在规划的实践层面上，我国对规划的政策效果评估与绩效评价体系尚存在不足，需要进一步完善和深入发展，急需建立起规划绩效的评估体系，以回应社会各界对规划评估的关切。

第二，改革开放以来，历经多次探索与实践，基本确立了在党中央国务院的领导下，由分管领导主持，国家发改委牵头，多部门共同参与的规划领导体制和决策机制。探索过程主要包括三个阶段——1978—1993 年、1993—2003 年、2003—2013 年，经过三个阶段的发展，确定了农业作为全党工作重中之重的地位。

第三，规划中有关农业发展的内容十分丰富，并且从绩效评估看，涉农规划对农业发展具有积极的引导作用，但在执行规划的过程中也存在一些问题。规划对农业发展具有积极的引导作用，主要表现为农业基础设施建设扎实推进，粮食综合生产能力有所增强，现代农业产业发展水平大幅提高，农产品流通体系初步形成，城乡差距有所缩小，资源环境保护日益得到重视。同时，执行规划的过程中存在的问题主要表现为区域规划中的农业农村发展缺乏“自下而上”的动力，农业生产发展方式依然粗放，地方规划助推了劳动力成本的上升，农业农村发展与资源和环境的关系未得到足够

重视。

第四，采用DID模型对中部崛起的区域规划政策效应进行定量分析，结果表明中部崛起政策在样本期内并未对农业产生显著的正向溢出效应，相反，相关支农措施的滞后性和政策的城市偏向和工业偏向特征，以及第二、三产业的发展对农业产生的替代效应，导致此项政策对农业的影响在10%的置信水平上显著为负。而产业结构系数在我国粮食安全战略框架下对农业生产并未造成显著影响，从侧面说明三次产业并非完全是竞争的，也能够实现共同发展。除此之外，研究还表明我国农业机械技术的发展促进了农业产出增长，而劳动力、土地等投入要素对农业增长的作用并不明显，农业结构调整与比较优势理论不一致，还有进一步优化的空间。

第五，基于DEA模型，从横向和纵向两个角度对中部地区区域规划政策效率进行实证评价。从各效率指标的动态变化看，中部地区各省的综合政策因素投入效率可以分成逐年上升型、先升后降型、先降后升型三类；纯政策因素投入效率比较平稳，且效率都比较高；而中部地区各省的规模效率变化则可以分为逐年上升型、先升后降型、波动型三类。

第六，采用SWOT分析法对现阶段农业发展的优势、劣势和面临的机遇与挑战逐一进行了考察。

## 第二节　政策建议

目前，我国已初步建立起市场化的农业管理体制，但市场对农业资源的配置并不是万能的，存在“市场失灵”现象，再加上农业自身所具有的特殊性，政府干预对农业资源的配置显得十分必要。同时，政府在实施干预时，处理好政府和市场间的关系十分重要，处理好政府和市场之间的关系是政府对农业进行有效管理和调控的

基本前提。而规划作为各级政府对农业管理和调控的手段，在政府和市场博弈的过程中起着连接政府和市场的桥梁作用。因此，本书在分析规划政策对农业农村发展影响的基础上，试图结合研究结论给出相关的政策建议。

第一，完善规划体系，协调不同类型、不同内容的规划，将规划统一于我国农业发展之中。从宏观角度看，由中央政府制定的计划（规划）包括三类。为了实现三类规划的政策目标，地方各级政府还会依据三类规划制定各自的次级规划，规划体系网由此展开。目前来看，我国的这张规划体系网在实践中存在诸多问题，例如规划体系繁冗、规划间缺乏连贯性、不同规划间的内容相互交叉甚至冲突等。诸多问题的存在使得规划对于农业发展、农业增长的引导作用受到了明显的限制，无法完全释放规划所具有的促进力。因此，完善规划体系，协调不同类型、不同内容的规划，将现有规划统一于我国农业发展之中，对于政府处理市场和政府的关系、找准职能定位、有效发挥规划对农业发展的引导作用都有着重要意义。

第二，转变地方政府职能，建立合理的农民和其他社会主体参与机制。目前，我国区域规划主要是由政府“自上而下”地推动的，尤其在涉农项目上缺乏“自下而上”的动力，导致发展面临乏力问题。由政府主导的“自上而下”的旨在推动农业农村发展的模式要想取得成功，必须要有相应的制度保障。在区域发展项目的规划、实施、监测和评估的各个阶段保证农民和其他社会力量的参与，可以形成“自下而上”的公共行动，这在短期内可以成为对国家行动的有效补充，在长期内可以保证农业现代化建设的持续性。农业项目见效期长、风险大，很难发动社会力量对其进行支持。因此，为给农业农村发展提供持续的动力，必须转变地方政府职能。应为地方财政支农措施建立合理的监督执行机制，提高财政资金和公共资源的使用效率；对地区农业综合开发提供银行贷款财政贴息，或者直接由金融部门提供低息贷款；扩大“一事一议”奖补范围，鼓励农民广泛参与；充分发动企业等主体参与，通过合理的监

督执行机制和利益联结机制，让企业对农民充分让利；限制地方各级党政机关占有过多的经济资源支配权，取消地方政府对企业微观活动的干预权，有效地执行政府职能。

第三，转变农业发展方式，进一步采用集约型农业经营模式。目前在区域发展中，我国农业生产发展方式依然粗放，物质资本积累和投入仍然是农业增产的主要方式，现代农业中依靠知识积累、技术改进和效率提高的增产方式尚未占主导地位。这样的农业生产发展方式会带来高能耗、高排放（彭超、龙文军，2013；龙文军、彭超，2013）。因此，农业经营进一步从粗放型向集约型发展对当前农业实现高效生产具有重要意义。具体来说，一是科学合理地调整农业结构，优化农业内部结构，突出发展优势产业。二是依托科技，提高科技对农业增长的贡献率。采用农业新技术，推广优良品种，实行机械化作业。三是加强建设农村社会服务体系。集约农业的发展需要工商业、政府以及农业科技等的协调配合。建设好农村社会化服务体系是促进农业集约经营发展的有效措施。

第四，重视农业农村发展与资源、环境的关系。目前，我国农业发展的主要目的是增产，农村发展的主要目的是农民增收。然而，资源与环境的重要性在一定程度上被忽视了，这不仅影响了农业农村发展的可持续性，而且引发了其他一系列负面效应。因此，必须树立生态文明理念，将生态文明建设融入现代农业发展。需要做好“减法”，即结合国家主体功能区的划分，限制资源贫瘠、生态脆弱地区的开发强度；推广测土配方施肥，加强农药和其他化学品的管理，减少化肥、农药和其他农用化学品的投入；探索农业碳排放控制机制，减少农业“碳源”。还要做好“加法”，即加强流域综合治理、盐碱地改造、荒漠治理等，开发海洋经济，开发更多的农业生产资源；加大测土配方施肥补贴力度，探索使农民减少使用农药和其他化学投入品的补贴机制，研究对部分地区实施休耕补贴的可行性；进一步实施退耕还林、退牧还草等生态工程，增加农业“碳汇”。

第五，推进强农惠农政策转型，强化农业支持保护体系。以中部地区为例，中部崛起的区域规划政策效应实证分析表明，中部崛起政策在样本期内并未对农业产生显著的正向溢出效应，相反，相关支农措施的滞后性和政策的城市偏向与工业偏向特征，以及第二、三产业的发展对农业产生的替代效应，导致此项政策对农业的影响显著为负。由于规划政策的滞后性难以避免，因而使规划政策产生显著的正向影响的重点应在淡化政策的城市偏向与工业偏向特征上。具体来说，一是推进强农惠农富农政策转型。进一步推动国家财政支出、固定资产投资、信贷资金结构调整，确保各级财政每年对农业的总投入持续增长，预算内固定资产投资向农业农村建设项目倾斜，金融机构创新、产品创新、服务创新把农业作为重点对象。二是加强农业补贴改革，优化农业补贴方式，完善补贴政策。将农业资产综合补贴、种粮直补和良种补贴政策统一为耕地生产能力保护补贴，将补贴增量转移到家庭农场、种粮大户、合作社等新型农业经营主体上，提高农业补贴的精准性，调动种粮者的积极性。三是着力健全“三农”投入稳定增长保障机制。继续把“三农”摆在公共财政支出的核心地位上，国家基础设施建设投资仍要不断偏向“三农”，保证“三农”投入稳定增加。

第六，保持政策投入规模适度，提高政策投入产出效率水平。中部地区农业政策效率的实证分析表明，受农业政策投入规模以及政策投入转化为农业产出的能力的限制，中部地区的综合政策因素投入效率并不高。因此，政府的涉农政策投入应适当，尽量避免规模效应为负，同时应注重提高政策投入产出效率。具体来说，一是根据地区政策规模效率，确定政策投入的适度规模。由于不同区域的农业农村发展在自然、经济、社会方面存在差异，因而同一政策资源投入条件下会出现不同的规模效率。因此，在测算不同地区政策规模效率的基础上，对于规模效率较低或者规模无效的地区应加大政策因素投入规模。二是政府部门要加大政策执行力，切实履行政府职能。好的政策只有切实落实才会达到理想的效果，对于政策

投入产出效率不佳的地区，政府部门应该充分履行其职能，保障政策措施得到切实执行，避免资源浪费或者资源配置不当造成效率损失。总之，地区政策资源的投入应尽量达到规模效率最佳，同时也要不断提高政策资源投入的转化效率。

第七，把握“十三五”重要战略机遇期，加快发展现代农业。由于自然资源的约束日益凸显，单纯靠增加自然资源投入来提高农业产出的空间已越来越小。因此，发展现代农业成为我国农业发展的根本出路。SWOT 分析表明，“十三五”将是我国现代农业发展的重要战略机遇期。我们应按照中央的决策部署，立足当前农业发展的实际，进一步厘清“十三五”期间现代农业建设的总体思路，进一步优化农业生产力布局，推进一批重大工程，深入研究和实施几项重大政策，推动现代农业加快发展。此外，规划引导对农业增长的实证分析表明，我国农业机械化的发展对农业增长的贡献显著，而传统农业生产要素对农业增长的作用并不明显，这说明我国农业生产结构还存有进一步优化的空间。因此，进一步优化农业生产结构也要求我们必须抓住“十三五”重要战略机遇期，加快发展现代农业。

第八，建立统一开放、竞争有序的市场体系，明确政府本身的职能作用，卓有成效地实现政府和市场的优势互补。一是要发挥市场对资源配置的主导性作用以及政府在市场经济中的宏观调控作用。政府的农业管理职能主要集中在优化农业宏观调控、增加公共服务供给、严格农业市场监管、促进可持续发展、健全农业制度体系五个方面。地方政府要坚持市场导向，尊重经济规律，善于运用市场的办法指导和组织农业生产，坚持从实际出发，发挥比较优势，制定发展战略。二是创新“三农”管理体制机制，整合为农服务资源，健全为农服务网络。要立足现代农业的发展需求，转变以往按体系、按行业、按环节、按品种设计项目的思路。强化地方责任制，改进考核办法，完善耕地、水资源、环境保护属地管理责任追究制度，增强地方政府统筹安排资金的能力，促进财权、事权匹

配统一。三是要研究对中央与地方政府的事权和支出责任的划分，列出事权划分清单和提出相关支出责任建议。在法律授权的前提下，赋予地方政府一定的政策空间，引导地方政府综合考虑各地资源禀赋、产业基础、区位优势和市场条件，因地制宜，因势利导，提高工作的科学性和政策的针对性、实效性。

第九，全面推进农业法治建设，提高农业依法行政水平。加快推进农业现代化建设，必须深刻领会和把握我国特色社会主义法治道路的科学内涵，从我国当前基本国情以及农业生产的实际出发，全面推动农业法治建设，促成农业关键领域的立法，努力提高依法行政水平。一是加强和改进农业关键领域的立法。加快将成熟稳妥的“三农”政策以法律的形式固定下来，运用法律的强制性、规范性以及稳定性来提高农业扶助保护水平。二是衔接好决策改革与法治建设。把法治作为农业深入改革的基本方式，在法治道路上推进改革，用法治方式来化解矛盾，通过法律确保改革的平稳推进。以法律为保障，为农业可持续发展、资源保护和环境治理提供硬性约束。三是提升依法行政水平。把握核心领域与关键环节，将建立完善的行政工作机制、高效的农业行政执法体制和有效的法治教育宣传机制作为重点，稳步提升我国依法治农的水平。

# 参考文献


(1) Banerjee A. V., Iyer L., Somanathan R.. Public Action for Public Goods. Social Science Electronic Publishing，2006.

(2) Banerjee A., Duflo E., Qian N.. On the Road: Access to Transportation Infrastructure and Economic Growth in China. General Information，2012.

(3) Banerjee A., Hanna R., Kyle J. C., et al.. The Power of Transparency: Information，Identification Cards and Food Subsidy Programs in Indonesia. NBER Working Paper No. w20923，2015.

(4) Banerjee，Abhijit，Chang-Tai Hsieh，and Nancy Qian. The Origins of Private Enterprises in China. Yale University Working Papers，Yale University，2012.

(5) Banker，R. D.，A. Charnes and W. W. Cooper. Some Models for Estimating Technical and Scale Inefficiencies in Data Envelopment Analysis. Management Science，1984，30 (9).

(6) Brandt，Loren，and Thomas G. Rawski，eds.. China's Great Economic Transformation. Cambridge University Press，2008.

(7) Bruton B., Bruton S. and YU L.. Shenzhen:

Copy with Uncertainties in Planning. Habitat International, 2005, 29 (2).

(8) Calderón C, Chong A.. Volume and Quality of Infrastructure and the Distribution of Income: An Empirical Investigation. Review of Income and Wealth, 2004a, 50 (1).

(9) Calderón C., Servén L.. Infrastructure and Economic Development in Sub-Saharan Africa. Journal of African Economies, 2010, 19 (suppl 1).

(10) Calderón C., Servén L.. The Effects of Infrastructure Development on Growth and Income Distribution. Documentos de Trabajo (Banco Central de Chile), 2004b, (270).

(11) Chai. J. C. H.. China: Transition to a Market Economy. OUP Catalogue, 1998.

(12) Charnes, A., W. W. Cooper and E. Rhodes. Measuring the Efficiency of Decision Making Units. European Journal of Operational Research, 1978, 2 (6).

(13) Chenery B. H.. A Structurslist Approach to Development Policy. American Economic Review, 1975, 2 (65).

(14) Chenery B. H.. Structural Change and Development Policy. Oxford: Oxford University Press, 1979.

(15) Chow G. C.. China's Economic Transformation. Oxford: Blackwell, 2002.

(16) Chung, Jae Ho, Hongyi Lai and Jang-Hwan Joo. Assessing the "Revive the Northeast" (zhenxing dongbei) Programme: Origins, Policies and Implementation. The China Quarterly, 2009, 197.

(17) Churchman, C. West.. Wicked Problems. Management Science, 1967, 14 (4).

(18) Fan S., Zhang X.. Infrastructure and Regional Economic Development in Rural China. China Economic Review, 2004 (15).

(19) Fan S., Zhang L., Zhang X.. Growth, Inequality, and Poverty in Rural China: The Role of Public Investments. International Food Policy Research Inst, 2002.

(20) Friedmann J.. Planning in the Public Domain. Princeton: Princeton University Press, 1987.

(21) Huang Y.. Capitalism with Chinese Characteristics: Entrepreneurship and

the State. Cambridge：Cambridge University Press，2008.

(22) Levine，Mark，D.，Lynn Price，Nan Zhou，David Fridley，Nathaniel Aden，Hongyou Lu，Michael McNeil，Nina Zheng and Yining Qin. Assessment of China's Energy-Saving and Emission-Reduction Accomplishments and Opportunities During the 11th Five-year Plan. Berkeley：Lawrence Berkeley National Laboratory，2013.

(23) Lewis W. A. . Economic Development with Unlimited Supplies of Labour. The Manchester School，1954，22 (2).

(24) Liew L. H.. The Chinese Economy in Transition：from Plan to Market. Edward Elgar Pub，1997.

(25) Naughton B.. The Chinese Economy：Transitions and Growth. MIT Press，2007.

(26) Newman P. and Thornley A.. Planning World Cities：Globalisation and Urban Politics. Basingstoke：Palgrave Macmillan，2005.

(27) Park A.，Jin H.，Rozelle S.，et al.. Market Emergence and Transition：Arbitrage，Transaction Costs，and Autarky in China's Grain Markets. American Journal of Agricultural Economics，2002，84 (1).

(28) Romp W.，DeHaan J.. Public Capital and Economic Growth：A Critical Survey. Perspektiven der Wirtschaftspolitik，2007，(8).

(29) Samuelson，P.. Diagramatic Exposition of a Theory of Public Expenditures. Review of Economics and Statistics，1955 (37).

(30) Samuelson，P.. Aspects of Public Expenditure Theories. Review of Economics and Statistics，1958 (40).

(31) Straub S.. Infrastructure and Development：A Critical Appraisal of the Macro-Level Literature. The Journal of Development Studies，2011，47 (5).

(32) Thomas，DMinett J.，Hopkins S.，Faludi A. and Barrell D.. Flexibility and Commitment in Plannin. The Hague：Martinus Nijhoff Publisher，1983.

(33) Timmer C. P.. The Agricultural Transformation. Handbook of Development Economics，1988，1 (Part II).

(34) Vigar G.，Healey P.，Hull A. and Davoudi S.. Planning，Governance and Spatial Strategy in Britain：An Institutionalist Analysis. London：

MaCmillan Press Ltd，2000.

(35) Yao，Rosealea and Arthur Kroeber. Energy Efficiency：Damned Statistics. China Economic Quarterly，2010，14 (3).

(36) 蔡昉. “工业反哺农业、城市支持农村”的经济学分析. 中国农村经济，2006 (1).

(37) 成刚. 数据包络分析与 MaxDEA 软件. 北京：知识产权出版社，2014.

(38) 仇保兴. 我国的城镇化与规划调控. 城市规划，2002 (9).

(39) 崔功豪. 借鉴国外经验 建立中国特色的区域规划体制. 国外城市规划，2000 (2).

(40) 崔国胜，唐忠. 农村公共产品供给研究进展与思考. 改革，2005 (10).

(41) 代合治，李吉霞. 山东省县域农村经济的地区差异研究. 曲阜师范大学学报（自然科学版），1999 (4).

(42) 段娟. 近五年来我国战略性区域规划研究综述与展望. 区域经济评论，2014 (6).

(43) 樊杰. 解析我国区域协调发展的制约因素 探究全国主体功能区规划的重要作用. 中国科学院院刊，2007 (3).

(44) 樊丽明，石绍宾. 公共品供给机制：作用边界变迁及影响因素. 当代经济科学，2006 (1).

(45) 方创琳. 论区域与城市发展规划编制与实施的一体化. 城市规划，2002 (4).

(46) 费景汉，古斯塔夫·拉尼斯. 劳力剩余经济的发展. 北京：华夏出版社，1989.

(47) 费景汉，古斯塔夫·拉尼斯. 增长与发展：演进观点. 北京：商务印书馆，2004.

(48) 冯晓星，赵民. 英国的城市规划复议制度. 国外城市规划，2001 (5).

(49) 葛丹东，华晨. 适应农村发展诉求的村庄规划新体系与模式建构. 城市规划学刊，2009 (6).

(50) 郭剑雄. 农业人力资本转移条件下的二元经济发展——刘易斯—费景汉—拉尼斯模型的扩展研究. 陕西师范大学学报（哲学社会科学版），2009 (1).

(51) 郭平，洪源. 需求偏好表达机制与村级公共品供给研究. 吉林财税高等专科学校学报，2004 (1).

(52) 韩博天，奥利佛·麦尔敦，石磊. 规划：中国政策过程的核心机制. 开

放时代，2013（6）.

（53）郝庆，杜舰，邓玲. 东北地区国土资源综合整治规划研究初探. 中国国土资源经济，2007（4）.

（54）何君，冯剑. 中国农业发展阶段特征及政策选择——国际农业发展“四阶段论”视角下的比较分析. 中国农学通报，2010（19）.

（55）何林林，王泽坚. 曲折前行的新农村规划与建设. 规划师，2009（S1）.

（56）贺雪峰，罗兴佐. 论农村公共物品供给中的均衡. 经济学家，2006（1）.

（57）胡鞍钢，鄢一龙，吕捷. 从经济指令计划到发展战略规划：中国五年计划转型之路（1953—2009）. 中国软科学，2010（8）.

（58）胡鞍钢，鄢一龙，吕捷. 中国发展奇迹的重要手段——以五年计划转型为例（从“六五”到“十一五”）. 清华大学学报（哲学社会科学版），2011（1）.

（59）胡蓉. 公共政策对城市公共物品开发的引导作用. 上海：同济大学，2006.

（60）胡序威. 我国区域规划的发展态势与面临问题. 城市规划，2002（2）.

（61）黄宏胜，钟海燕，赵小敏. 土地利用规划体系探讨. 江西农业大学学报（社会科学版），2003（3）.

（62）黄季焜. 新时期的中国农业发展：机遇、挑战和战略选择. 中国科学院院刊，2013（3）.

（63）黄建新. 外部性、信息不对称性与国有商业银行的社会责任. 财会月刊，2007（36）.

（64）黄俊舟，赵悠，吴银铃. 基于经济持续发展的新农村规划原则. 农业经济，2008（3）.

（65）黄晓芳，张晓达. 城乡统筹发展背景下的新农村规划体系构建初探——以武汉市为例. 规划师，2010（7）.

（66）蒋高明. 制度性“干旱”造成农田缺水. 世界环境，2011（2）.

（67）黎婴迎，曹小曙. 对广东省国土规划的几点认识与思考. 热带地理，2007（2）.

（68）李兵弟. 村庄整治：新时期的机遇与挑战. 小城镇建设，2005（12）.

（69）李炳坤. 推进农业产业结构的战略性调整. 农业经济问题，2000（3）.

（70）李冀，严汉平. 中国区域经济差异演进趋势分析——基于政策导向和收敛速度的双重视角. 经济问题，2010（12）.

(71) 李孟波. 新农村规划问题研究. 山东农业大学学报（社会科学版），2007（2）.

(72) 李泳. 国际直接投资与中国农业产业结构升级. 中国农村经济，2006（5）.

(73) 李宗芳. 农业文化资源在农业规划中的运用. 现代农业科技，2013（23）.

(74) 连玉君，王闻达，叶汝财. Hausman 检验统计量有效性的 Monte Carlo 模拟分析. 数理统计与管理，2014（5）.

(75) 刘国光. 我国改革的正确方向是什么？不是什么？——略论“市场化改革”. 中国经贸导刊，2006（10）.

(76) 刘炯，王芳. 多中心体制：解决农村公共产品供给困境的合理选择. 农村经济，2005（1）.

(77) 刘星，郭剑雄. 劳动力选择性转移下农业人力资本深化的政策. 经济纵横，2012（11）.

(78) 刘祚祥. 转变农业发展方式：国外理论与方法. 贵州社会科学，2012（8）.

(79) 彭超，龙文军. 区域规划、农业产业发展与政策评估. 重庆社会科学，2013（11）.

(80) 龙文军，彭超. 区域农业和农村发展政策执行效果评价研究. 中国农业资源与区划，2013（5）.

(81) 吕天星，陈瑞彪. 设置农村经济规划指标体系的三个前提. 农村经济，1987（2）.

(82) 马晓河，蓝海涛，黄汉权. 我国离大规模反哺农业期还有差距. 瞭望新闻周刊，2005（35）.

(83) 马远，龚新蜀. 城镇化、农业现代化与产业结构调整——基于 VAR 模型的计量分析. 开发研究，2010（5）.

(84) 聂辉华，方明月，李涛. 增值税转型对企业行为和绩效的影响——以东北地区为例. 管理世界，2009（5）.

(85) 农业部. 全国现代农业发展规划具有里程碑意义. http：//finance. china. com. cn/news/gnjj/20120223/551802. shtml.

(86) 农业部. 全国现代农业发展规划. 中国农业信息，2012（8）.

(87) 彭超，龙文军. 区域规划、农业产业发展与政策评估. 重庆社会科学，2013（11）.

(88) 钱陈，史晋川. 城市化、结构变动与农业发展——基于城乡两部门的动

态一般均衡分析. 经济学（季刊），2007（1）.
（89）全国现代农业发展规划（2011—2015年）. 中国乡镇企业，2012（5）.
（90）沈满洪，何灵巧. 外部性的分类及外部性理论的演化. 浙江大学学报（人文社会科学版），2002（1）.
（91）石爱虎. 论农业发展方式的科学内涵与转变途径. 东南学术，2012（1）.
（92）帅建祥，郑晶. 顶层设计视域下我国三农问题制度改革研究. 长沙理工大学学报（社会科学版），2013（4）.
（93）斯蒂格里茨. 政府失灵与市场失灵：监管的原则. 比较，2009（2）.
（94）速水佑次郎，弗农·拉坦. 农业发展的国际分析. 北京：中国社会科学出版社，2000.
（95）孙虎，乔标. 我国新型工业化规划体系的建构研究. 中国软科学，2012（9）.
（96）孙娟，崔功豪. 深圳市国土空间规划研究. 规划师，2004（2）.
（97）唐兰. 城市总体规划与土地利用总体规划衔接方法研究. 天津：天津大学，2012.
（98）M.P. 托达罗. 第三世界的经济发展. 北京：中国人民大学出版社，1988.
（99）万武义，秦杰，张旭东，李亚杰. 为全面建成小康社会打下具有决定性意义的基础——《中共中央关于制定国民经济和社会发展第十二个五年规划的建议》诞生记. 新华每日电讯，2010-10-30.
（100）王官诚. 个体非理性经济行为的心理透析. 经济纵横，2008（9）.
（101）王红英，张林琦. 基于新农村规划的武汉市都市农业发展模式研究. 湖北农业科学，2012（20）.
（102）王磊，沈建法. 空间规划政策在中国五年计划/规划体系中的演变. 地理科学进展，2013（8）.
（103）王利. 中国市县“五年规划”中的空间布局规划：理论、方法、实例. 大连：辽宁师范大学，2008.
（104）王勤荣. 健康新农村规划与实施中的若干问题. 中国农村卫生事业管理，2007（9）.
（105）王粟，刘贺. 新时期上下结合型新农村规划与建设思路探索. 小城镇建设，2012（3）.
（106）王向东，刘卫东. 中国空间规划体系：现状、问题与重构. 经济地理，2012（5）.

(107) 王亚华，鄢一龙. 十个五年计划完成情况的历史比较. 宏观经济管理，2007 (4).

(108) 王瑛. 乐山市国土总体规划的几点构想. 乐山师范高等专科学校学报，2000 (1).

(109) 卫大同. 辽宁省国土规划地理信息系统设计与构架. 长春：吉林大学，2006.

(110) 魏权龄. 评价相对有效性的 DEA 方法——运筹学的新领域. 北京：中国人民大学出版社，1988.

(111) 吴波. 中国城市化进程中的“缺口”分析. 成都：西南财经大学，2012.

(112) 西奥多・W・舒尔茨. 经济增长与农业. 北京：北京经济学院出版社，1992.

(113) 西奥多・W・舒尔茨. 论人力资本投资. 北京：北京经济学院出版社，1990.

(114) 熊德平. 农业产业结构调整的涵义、关键、问题与对策. 农业经济问题，2002 (6).

(115) 徐东. 关于中国现行规划体系的思考. 经济问题探索，2008 (10).

(116) 许莉俊. 英国区域规划、管理和发展制度的演变. 国外城市规划，2000 (2).

(117) 鄢一龙，王绍光，胡鞍钢. 中国中央政府决策模式演变——以五年计划编制为例. 清华大学学报（哲学社会科学版），2013 (3).

(118) 鄢一龙，王亚华. 中国 11 个五年计划绩效定量评估. 经济管理，2012 (10).

(119) 杨丙红. 我国区域规划法律制度研究. 合肥：安徽大学，2013.

(120) 杨近平. 中国共产党领导制定五年计划和规划的历史启示. 广西社会科学，2011 (8).

(121) 杨倩. 我国西部地区公路建设投资与经济增长之关系研究. 北京：中央民族大学，2012.

(122) 杨伟民. 发展规划的理论和实践. 北京：清华大学出版社，2010.

(123) 杨伟民. 我国规划体制改革的任务及方向. 宏观经济管理，2003 (4).

(124) 杨伟民主编. 规划体制改革的理论探索. 北京：中国物价出版社，2003.

(125) 杨杨，张继平. 我国五年计划（规划）文本的演变特征分析：基于内容分析和对应分析方法. 行政论坛，2013 (5).

(126) 杨荫凯. 国家空间规划体系的背景和框架. 改革，2014 (8).

(127) 姚广利. 新中国历次五年计划编制和执行的基本经验研究. 郑州：河南大学，2012.

(128) 于立. 控制型规划和指导型规划及未来规划体系的发展趋势——以荷兰与英国为例. 国际城市规划，2011 (5).

(129) 于立. 中国城市规划管理的改革方向与目标探索. 城市规划学刊，2005 (6).

(130) 于英华，关丽华. 快速城市化进程中的村庄规划与可持续发展——以中山市新农村规划为例. 城市建筑，2013 (6).

(131) 岳军. 公共产品供给制度分析. 山东财政学院学报，2003 (3).

(132) 占思思，盛鸣. 转型・统筹・差别化——法理性与适应性导向下的规划体系与总体规划改革探讨. 规划师，2014 (3).

(133) 张劲. 社会分配不公平的原因分析. 经济研究导刊，2011 (19).

(134) 张可云，赵秋喜，王舒勃. 关于我国未来规划体系改进问题的思考. 山西高等学校社会科学学报，2004 (3).

(135) 张壬午，张彤，计文瑛，王道龙. 持续农业与农村发展试验区建设规划的定量方法. 中国农业资源与区划，1994 (1).

(136) 张同乐，陆军恒. 中国“五年计划”的编制及执行述略. 河北师范大学学报（哲学社会科学版），1997 (1).

(137) 张宗益，李森圣，周靖祥. 公共交通基础设施投资挤占效应：居民收入增长脆弱性视角. 中国软科学，2013 (10).

(138) 赵民，郝晋伟. 城市总体规划实践中的悖论及对策探讨. 城市规划学刊，2012 (3).

(139) 郑裕盛. 海南省国土规划与水资源开发对策. 水利水电技术，2000 (1).

(140) 周建华，万希. 论“三农”问题与农业人力资本的积累机制建设. 农业现代化研究，2004 (5).

(141) 周黎安，陈烨. 中国农村税费改革的政策效果：基于双重差分模型的估计. 经济研究，2005 (8).

(142) 周知. 基于 DEA 的国家重大区域规划政策效率评价. 大连：大连理工大学，2013.

（143）朱宝芝．国家专项规划的编制与管理．发展规划的理论和实践，北京：清华大学出版社，2010．

（144）朱南，刘一．中国证券公司生产效率的数据包络分析．金融研究，2008（11）．

（145）卓健，刘玉民．法国城市规划的地方分权——1919～2000 年法国城市规划体系发展演变综述．国外城市规划，2004（5）．

# 后　记

博士毕业一年之际，本书得以出版。这一年来，在忙碌的工作之余，时常腾出时间细致修改，今日付梓，心略宽慰，希望本书的出版能够为我国的农业经济与农村发展贡献绵薄力量。

白驹过隙，似水流年，蓦然回首，与中国人民大学二十多年来的难舍情缘不禁涌上心头。1991年秋天，带着青涩和懵懂的我踏入了中国人民大学的校门，怀揣着家人的寄托和青年的梦想行走在校园中，眼里满是对知识的渴望。经过四年的刻苦学习，我以优异的成绩获得学士学位，并留校成为一名教师。在工作期间，继续深造的梦想依然炽热燃烧并指引我前进，这时的我对知识的渴望更加热切。进学致和，行方思远，我决定在母校继续攻读硕士学位。2000 年硕士毕业后，我通过国家公务员考试进入国家部委工作，在单位工作的十多年来，我秉承母校“实事求是”的校训，认认真真做事，踏踏实实做人，坚持在工作中思索，在思索中学习。随着工作履历的不断丰富，我深感自己的学识和研究能力还有很大不足，亟须继续提升自我能

力。我下决心回母校攻读博士学位，并选择与中国经济发展最息息相关的农业经济管理专业，师承朱信凯教授。在即将毕业之际，我庆幸当年的正确决定，三年来勤恳学习的求学生涯让我的生活更加绚丽多彩，留下了人生中浓重的一笔记忆。

博士论文的方向是在信凯老师的启发下，结合自身工作生活的实际，经过多年的思索最终选定的。我出生于安徽绩溪一个美丽的乡村，耳濡目染乡亲们面朝黄土背朝天的辛苦劳作，深知农村生活的艰辛和不易，从小开始就对农村、农业、农民有浓厚的感情；同时，我国是一个农业大国，这是我们国家最大的国情，农业是国民经济和社会发展的基础，也是“四化同步”和全面建成小康社会的短板。中国要强，农业必须强；中国要美，农村必须美；中国要富，农民必须富。“三农”工作也是国家发改委的重要职能之一。读不懂“三农”就读不懂中国，工作后我就时常关注“三农”相关政策措施，将其作为重点课题进行深入思考。而更为重要的是，我们这几年制定了很多支持农业发展的综合性规划、专项规划和区域规划等，但是对规划因素对于农业发展的贡献缺乏深入探讨，即对规划的政策效果评估与绩效评价体系尚不完善，重制定轻评估的现象还大量存在。本书从规划引导与农业发展的关系的视角出发，试图构建一个量化规划实施效果评估的分析框架，在丰富规划的政策效果评价体系方面做一些探索，为我们进一步进行规划政策的优化提供现实依据和行动指导。基于以上考虑，最终确定“规划引导与农业发展研究”这一书名。

自惭菲薄才，误蒙国士恩。我衷心感谢导师朱信凯教授，感谢他对我继续深造的支持，感谢他对我学术思想的指引，感谢他对我学术能力的栽培，感谢他对我工作生活的关怀。朱教授深邃广博的学术思想和智慧通达的风度品格令我印象深刻。针对我本硕专业与农业经济管理的专业跨度和久未从事学术研究的现状，在录取之初便与我促膝长谈，制定博士阶段的学习计划，列出必读专著及论文书单，帮助我培养论文阅读方法，督促我做读书笔记。在朱教授的

指导下，博士一年级我具备了较为扎实的专业基础和较强的学术研究能力。在博士二年级，朱教授指导我参与了部分学术研究课题。在博士论文的写作过程中，朱教授定期与我探讨论文写作进度及遇到的问题，帮助我解决疑惑和难题。2014 年 12 月，一个冬日的夜晚，朱教授刚刚出差回到北京，不顾自身的重感冒，立即把我叫到他的住所，就如何做好规划引导对农业增长贡献的实证分析对我进行专门辅导，窗外寒风凛冽呼啸，夹杂着导师频繁的咳嗽声，我心中涌出无限暖意和感动。天涯海角有尽处，只有师恩无穷期，这种师生情谊会陪伴我一辈子，激励我前进。

我也曾受到其他多位老师的关心和帮助。中央农村工作领导小组办公室主任陈锡文曾多次对我进行指导，他还为本书写了精彩独到的序言，序言中他勉励我在农业发展理论研究中继续探索。唐忠教授、马九杰教授、汪三贵教授、仇焕广教授、吕捷副教授、彭超老师等都曾对我的博士论文进行悉心指导，提出修改意见，给予我莫大帮助。孔祥智教授、郑风田教授、张利庠教授、马九杰教授都为我讲授过课程，他们的言传身教让我受益匪浅。柯水发副教授是我博士就读期间的班主任，为我们班同学的成长倾注了大量精力和心血。学院办公室的肖逸秋老师、刘婷老师和安旭老师等从事行政工作的老师，为我的学习和研究提供了诸多帮助和便利，在此感谢他们。

我要感谢班集体的同学和同门师弟师妹们对我的帮助。由于我是在职博士生，不在学校里居住，而班长郑力文、党支部书记张琳、赵思旭总是能够及时通知并帮助我处理学校及学院安排的各种事务。班级同学经常与我探讨学术问题，让我受益。同门师弟师妹们经常与我一起讨论专业问题，帮助我进行博士论文中的数据录入和论文校稿工作。我要向他们表达谢意，祝愿他们前程似锦。

我要特别感谢各位评委老师。论文答辩委员会主席尹成杰部长，百忙之中抽出时间，对我的论文进行悉心指导。中国农科院区划所王道龙所长、农业部农村经济研究中心郭永田副主任、华中农

业大学经管学院青平院长等评委对论文提出了富有建设性的意见。

我真诚地感谢我的家人。感谢我的妻子谢丹对我继续深造的鼎力支持，为了支持我攻读博士学位，她不辞辛劳，包揽所有家务，独自承担照顾家庭和女儿的重任，精心照料好双方老人，使我没有后顾之忧，能够全力投入到工作和学习中，顺利完成学业。我的闺女黄可萱，她一向活泼开朗，积极上进，自觉懂事，学习刻苦，她良好的学习习惯、坚定向上的品质是我的寄托，是我的榜样。感谢辛苦培养我的四位老人——我的父母黄笃法、周亚萍，我的岳父岳母谢书樑、吴香葆，是他们教会我勤奋学习、诚实做人、踏实做事。他们的无私关爱和谆谆教导激励我不断前行。

纸上得来终觉浅，绝知此事要躬行。本书的出版意味着新征程的开始，我在日后的工作中会争取在理论和实践结合的基础上丰富完善我这一刚刚开始的研究成果，在当前中国农业基础仍然很脆弱、农业发展过程中出现了一些新矛盾新问题的大背景下，更加关注我国农业和农村经济的发展，更加关注我国规划的科学制定和绩效评估机制，从制度和技术层面推动规划引导对我国农业发展发挥正向激励作用，形成长效机制，如是如斯，也是对培养我的母校，陪伴我成长的导师、朋友、家人等的认真回报。

黄勇